"自从创造了术语'主权财富基金'以来，我怀着复杂的感情观察针对这一主题进行的论争。这些基金在规模与影响上并不缺乏壮举，它们有效地稳定了全球经济与金融市场。对于仅仅受到根深蒂固偏见和经济国家主义情绪控制的许多接受国，提高公众监督与质疑程度无济于事。迄今为止，极少有涉及这个主题的著作出现，而且没有一本是金融从业者的作品。卡斯特里和斯卡西维拉尼以本书的出版接受了挑战，并且做出了重要贡献。"

安德鲁·罗泽诺夫　至尊咨询和帕玛尔集团的负责人，
"主权财富基金"术语的提出者

"这是一项充满有趣分析和经典争议的开创性的工作，我相信这本书能够震撼希望洞察主权财富基金动力学的基金管理者和学者们。如果在未来十多年它成为一本最好的主权财富基金方面的著作，我一点不会感到惊讶！"

曹英权博士　《金融新闻》发行人

"主权财富基金在全球金融市场逐步产生了重要影响，它们的先进性与专业性已经得到迅速提升。"这本书清晰地说明了主权财富基金的运作，解释了主权财富基金在传统的固定收入和股权市场以及可选择资产类别（比如基础设施项目、房地产和私人股权等）方面的重要作用。"

罗伯特·帕克　瑞士信贷的高级顾问

"卡斯特里和斯卡西维拉尼摧毁了在20世纪占主导地位的对主权财富基金的按部就班和狭隘的理解，在本书里，他们提供了一个主权财富基金作为经济长期再平衡以及作为全球经济多极化过程附属现象的引人入胜的争论。"

安杰洛·卡维罗博士　冲击投资合伙公司CEO，
《环境的主导地位：气候变化与机构投资者》的作者

"严重的金融危机凸显了主权财富基金作为资本市场和国际机构投资者的稳定力量，它们正在摆脱纯粹被动投资者的地位，变为积极、直接的投资者。它们正在摆脱发达经济中安全无风险的传统投资模式，走向新兴市场，支持着后来居上的主导性的经济力量。在掌控着最大规模主权财富基金的一些中东国家，它们的投资焦点正在转向国内的经济发展目标。这本由经济学家撰写的《主权财富基金新经济学》是一部信息丰富、全面、论述精良的适时著作，他们为主权财富基金提供了令人赞赏的概括性分析，揭开了主权财富基金的神秘面纱。如果你有兴趣改变全球经济金融版图，理解主权财富基金投资决策如何改变全球资本流动，那么，这本书应该是你的选择。"

纳瑟·塞迪博士　迪拜国际金融中心首席经济学家

"这本体现着良好研究功力的书将模糊不清的、进而有时带着神秘色彩的主权财富基金、它们的投资活动和它们在不断演进的全球系统中的投资活动带进了光明。"

乔治·麦格努斯　UBS（瑞银集团）高级经济顾问

经济瞭望译丛

THE NEW ECONOMICS OF SOVEREIGN WEALTH FUNDS

Massimiliano Castelli
Fabio Scacciavillani

主权财富基金新经济学

马斯米利诺·卡斯特里
法比奥·斯卡西维拉尼　著

姜广东　译

WILEY

东北财经大学出版社　大连
Dongbei University of Finance & Economics Press

辽宁省版权局著作权合同登记号：图字06-2014-34号

Massimiliano Castelli, Fabio Scacciavillani：The New Economics of Sovereign Wealth Funds

Copyright © 2012 by Massimiliano Castelli and Fabio Scacciavillani

Published by John Wiley & Sons，Ltd

This translation published under license.

图书在版编目（CIP）数据

主权财富基金新经济学 / 卡斯特里（Castelli，M.），斯卡西维拉尼（Scacciavillani，F.）著；姜广东译.一大连：东北财经大学出版社，2016.4
（经济瞭望译丛）
ISBN 978-7-5654-2269-0

Ⅰ．主… Ⅱ．①卡…②斯…③姜… Ⅲ．投资基金-研究 Ⅳ．F830.45

中国版本图书馆CIP数据核字（2016）第037193号

东北财经大学出版社出版发行
　　大连市黑石礁尖山街217号　邮政编码　116025
　　教学支持：（0411）84710309
　　营销部：（0411）84710711
　　总编室：（0411）84710523
　　网　　址：http：//www．dufep．cn
　　读者信箱：dufep@dufe．edu．cn
大连图腾彩色印刷有限公司印刷

幅面尺寸：170mm×240mm　字数：184千字　印张：14 3/4
2016年4月第1版　　2016年4月第1次印刷
责任编辑：刘东威 刘 佳　　责任校对：王 娟
封面设计：冀贵收　　版式设计：钟福建
定价：48.00元

前　言

　　本书的出版具有适时性与挑战性，它的到来适逢主权财富基金（Sovereign Wealth Funds，下文简称SWFs）的作用和品质迅速提振的时期，它捕捉到了内容丰富的SWFs发展史，提供了一系列对SWFs未来的适当观察。

　　本书同时从经济与政治的视角对SWFs的发展进行研究，在许多方面，它们的发展反映了变化中的世界经济实力的平衡关系，例如中国和其他一些国家已经成长为重要的角色。

　　作者也强调了SWFs积累起来的财富如何被使用等基本的及当前正在演化的问题。这里要考虑的核心问题是跨期的资源配置，这个问题并不是SWFs所独有的，它是所有政府在基础设施开发的范围、类型和时间安排等方面的决策中必须考虑的关键问题。

　　与SWFs有关的国际政治问题也在讨论之列，在许多方面，它们与20世纪60年代、70年代和80年代的有关外国直接投资的政策问题具有相似性。争论集中于国家主权方面，现在，这个问题更加突出，SWFs被一些人看作其他国家的评级机构中拥有所有者权益的外国政府的载体。

　　无论是站在资产管理行业角度还是作为公共投资公司主席，以我自己的经验看，SWFs都发挥着重要作用。

　　首先，作为日益精明的行业主要委托人的一部分，SWFs明显将压力抛给了业绩良好的行业，这通过SWFs组织内部与行业直接竞争能力的发展反映出来，意味着资产管理服务的提供者渴望被证明它们有能力带来更大的收益。

其次，SWFs已经或正在将注意力放在成本方面，不仅在于削减成本的整体水平上，而且也在推动行业更多地认识到绩效成本的作用。

本书的作者在公共部门和资产管理行业积累了丰富的从业经验，他们有一种备受推崇的能力，那就是能将大量的信息整合在一起，以高度可读的形式呈现给大家。另外，他们还勇于以具有挑战性的方式进行一些更广泛的观察。

约翰·A.弗雷泽

瑞银集团全球资产管理公司主席兼CEO

澳大利亚维多利亚基金管理公司主席

致　谢

　　法比奥·斯卡西维拉尼衷心感谢纳瑟·塞迪（Nasser Saidi）博士，他对本书中许多思想的形成有着深刻的影响，感谢他在迪拜国际金融中心的前同事阿西拉·普雷赛德（Asthira Prasad）和法赫德·阿里，他们一同深入研究了国际经济重心的转移问题。

　　作者还想感谢西莫尼·塔基利亚皮耶特罗（Simone Tagliapietra），他是 ENI Enrico Mattei 基金会的研究人员，他的研究支持了第 2 章附录中对2016 年主权财富基金规模预测的准备工作。

缩略语一览表

ADIA	阿布扎比投资局
ADIC	阿布扎比投资公司
AUM	资产管理规模
BoP	收支平衡
BP	英国石油公司
BPM6	《收支平衡手册6》
CalPERS	加利福尼亚公共雇员退休体制
CFIUS	美国外国投资委员会
CIC	中国投资公司
COFER	官方外汇储备货币构成
CPIS	组合投资合作调查
ECB	欧洲中央银行
FSA	英国金融服务局
FWF	未来财富基金
FX	外汇
GCC	海湾合作委员会（由巴林、科威特、阿曼、卡塔尔、沙特阿拉伯、阿拉伯联合酋长国组成）
GDP	国内生产总值

GFSR	全球金融稳定报告
GIC	新加坡政府投资公司
GIMF5	全球一体化货币与财政政策模型
GPFG	挪威全球政府养老基金
HFSB	对冲基金标准委员会
HKMA	中国香港特别行政区货币局
IFSWF	国际主权财富基金论坛
IIP	国际投资头寸
IMF	国际货币基金组织
IOSCO	国际证监会组织
IWG	主权财富基金国际工作组
KIA	科威特投资局
KIC	韩国投资公司
KSA	沙特阿拉伯王国
LTCM	长期资本管理公司
NBER	国民经济研究局（美国）
NYSE	纽约股票交易所
OECD	经济合作与发展组织
PIH	恒久性收入假说
PIMCO	太平洋投资管理公司
PWG	总统金融市场工作组
QIA	卡塔尔投资局
RMB	中国人民币（或元）
SAA	战略资产配置
SABIC	沙特阿拉伯基础产业公司
SAMA	沙特阿拉伯货币局
SWF	主权财富基金

SWFI   主权财富基金研究院

UAE   阿拉伯联合酋长国（简称阿联酋）

UCITS   欧盟可转让证券集合投资计划

WEO   《世界经济展望》，国际货币基金组织半年期出版物

WTO   世界贸易组织

目　录

引　言

　　主权财富基金（SWFs）在过去几年已经成为金融市场上围观最多的一种现象，尽管（一些人会说"由于"）处事低调、行动谨慎，它们依然是政治恐吓、恶毒攻击、媒体泄愤和公众泼脏水的目标。虽然如此，它们还是资本紧缺的公司、银行、寻求资金的政府以及渴望管理其资产的专业金融机构处心积虑想获得的东西。

　　从上一个十年的中段开始，SWFs在国际高端金融领域兴风作浪时，政策的争论和百姓的意识中就已经渗透进模棱两可的态度。

　　SWF现象可以以各种不同力度进行着墨，多数致力于研究SWFs的著作将焦点对准主权财富基金通过战略资产的收购可能产生的过度影响和所导致的激烈政治反应（例如，Quadrio Curzio and Miceli，2010；Subacchi，2008；Park，2011）。其余著作则分析了经济力量平衡的含义以及SWFs与金融保护主义的联系、对国家安全的威胁、对金融市场的影响。近期，在更深层次上进行探讨的文献致力于分析国际社会提出的行为调整框架（这其中包括Das et al.，2010；IMF，2007；Park，2011；Truman，2010）。

　　本书将在抨击的噪声中遗漏的部分置于大视野进行分析，将其余部分置于小视角进行分析。很少有人认识到SWF的兴起源于构造运动的驱动：经济重心从成熟经济体向大型新兴市场（特别是亚洲）和大宗商品出口国转移，其中一些大宗商品出口国（如澳大利亚、加拿大、挪威）长期以来都居于富庶国家的行列。因此，SWFs不断提升的影响力是经济权重再平衡的一个特征，并且代表着单一经济向多极化全球经济转变的一种渠道。此外，考虑到当前的宏观趋势，SWFs的资产管理规模注定会大幅度增长（详见第2章附录），由于中国快速转变为主导型经济（对其他亚洲大国产生拉动作用），其不断壮大的中产阶级将推动全球的经济增长和商品超级周期——也就是长期内自然资源处于需求旺盛的状态——的形成。

在解释这些动力及其影响时，本书将依照下列三条相互交叉（interwined）的路线进行分析：

（1）经济重心的东移和经常账户盈余管理经济学。

（2）可供存在着结构性经常账户盈余、积累了可观外国资产存量的国家进行选择的投资战略和财政政策。

（3）大型私有公司控制的股份被国有企业收购的政治衍生物，它们暴露出的公司治理问题和需要采用的风险管理工具。

SWFs是否获得了过多的权力，是否被允许采取措施调整它们的经济活动？替代这种争论的另一种不同的表述方式是，重新定义巩固全球均衡的宏观经济力量的棱镜，并借此分析SWFs的作用。一旦这些宏观元素被带进前述的内容，进入分析语境，将很容易使这些争论超越政治纷争，将似是而非的争论从是否合法的困扰中解脱出来。

I.1 几个典型事实

SWFs并不算是全球资本市场的一个显著特征,20世纪70年代①早期石油价格暴涨时,第一只管理大规模资源的SWF出现,当时中东的石油输出国以科威特②为先例,开始在全世界范围内购买资产,以实现其经常账户盈余的多样化。在80年代与90年代,SWFs不声不响地继续将其大多数财富配置于发达经济体。除此以外,相对小的专业集团则用以满足其自身的需要。它们以保守的投资方式而闻名,并且极少涉足它们持有股权公司的管理。

只有极偶然的情形下,SWFs会因为大规模操作受到媒体的关注。例如,1972年科威特投资局(KIA)对德国汽车制造商戴姆勒的投资,1976年利比亚阿拉伯(航空公司)对外投资公司(Lafico)对意大利最大汽车公司菲亚特的投资。公众和政客的反应并不出人意料,它只是模糊地关注对外的影响,但是收购本身算不上"开战的真正原因"。至少在菲亚特与利比亚阿拉伯对外投资公司的交易中,意大利公众一般持赞同的态度,因为菲亚特公司在遭受巨大损失后需要新资本的输入。SWFs高调的收购比较罕见,也许只有20世纪80年代早期的一次是个例外,当时玛格丽

---

① SWFs的第一个实例是吉尔伯特岛管理磷酸盐的出口过程中于1956年创立的一种投资工具,具体而言,我们应该指出吉尔伯特岛当时是英国的殖民地,因此,基金也许不能被附加"主权"二字,如今,这笔基金价值约5亿美元,同时,吉尔伯特岛也变成一个主权国家——基里巴斯。有一个国有投资工具功能更为久远的案例,加利福尼亚公共雇员退休体制,其广为人知的名称为CalPERS。CalPERS不同于典型的SWF,因为它是由公共雇员支付的养老金缴款所供养,而不是由政府收入或储备所供养。

② 1963年科威特发行"一般储备基金",1973年成立"后代基金",由50%的一般储备与10%的年度预算盈余构成。1982年,科威特政府决定将财政部、一般储备基金和后代基金的所有资产统一由科威特投资局管理。阿布扎比投资局(ADIA)和新加坡基金淡马锡控股都成立于20世纪80年代。

特·撒切尔（Margaret Thatcher）领导的英国政府对科威特投资局收购刚刚私有化的英国石油公司20%的股权反应强烈。这一事件的动机并没有被过度掩饰：在当时的欧洲，"私有化"对大多数的政治家和评论家而言是一个糟糕的词汇，它会引发各种恶毒和过激的言词。只有海峡对面的法国，当时新任总统密特朗在各主要部门（包括银行、技术与国防等）实施了大规模的国有化浪潮。如果国有公司里程碑式的出售导致了控股权转移给外国政府，那么，私有化进程将会招来嘲笑。因而，科威特投资局在英国政府的施压下将其拥有的股权占比降低至10%。

这种境况在几十年以后发生了深刻的变化，金融雷达告诉我们，千禧年到来之际，SWFs的黄金时代将由此开启，1998年以来，超过20只基金成立。人们开始将SWFs与中国和阿拉伯海湾国家联系起来，这一感知来自于规模庞大的独立实体的存在，如阿布扎比投资局（ADIA）和中国投资公司（CIC）。实际上，其他大批国家如韩国、新加坡、澳大利亚、伊朗、俄罗斯、加拿大（阿尔伯塔省）、利比亚、智利，乃至美国的一些州（阿拉巴马、阿拉斯加、新墨西哥和怀俄明）都建立了各自的投资机构来管理大型资源。①这种趋向扩展到拥有自然资源的小国，如博茨瓦纳、特立尼达和多巴哥、巴布亚新几内亚、毛里塔尼亚以及东帝汶，如果单独考察，它们的基金绝对规模很小，但是相对于这些国家的GDP而言，其基金规模则是可观的。当前，超过30个国家和地区拥有可以被归类为SWF的机构，大多数与产油国没有一点儿关系，如新加坡、韩国、中国大陆、爱尔兰、澳大利亚、智利和中国台湾。换言之，SWFs的出现是一个全球现象，并不是世界的特殊部分和特殊的国家群体所独有的。

根据SWF研究院和Prequin网站编制的数据，SWFs所掌握的全球组

---

① 这个排列并不详尽，因为一些国家并没有完全公开由投资机构管理的资产。

合资产的价值，由于以商品为依托的SWFs的强势扩张，估计到2012年12月已接近5万亿美元（见第2章附录），比2008年9月金融危机之初记录的3.75万亿美元超出了1万亿美元，相比之下，2007年12月在SWFs管理下的总资产为3.2万亿美元。

投资能力的天平由中东向亚洲倾斜：中东国家的SWFs只占资产总量的40%。[①]

I.2 备受关注的SWFs

尽管SWFs已经存在了几十年，在过去的五六年里，它们进行的大刀阔斧式收购主要基于两个原因：一系列高调收购将其置于国际舆论的风口浪尖，同时，资产管理规模（AUM）激增。后一种结果——也是本书深入关注的——源于两种相互关联的发展：

（1）原材料和商品（不仅是氢氧化合物）价格全球范围内的飙升，它拥有长周期的全部特点（一些人称它为超级周期）。

（2）新兴市场（特别是印度与中国）的崛起。人口红利、资本流动使之不再陷入欠发达的恶性循环，而是推动了经济增长和中产阶级的扩大。

SWFs投资活动的加速已陷入停滞，根据摩立特集团（Monitor Group）的评论报告，SWFs在1975年至2008年3月间公开报道的交易超出了1 100件，总价值达到2 500亿美元，这仅仅是所有SWFs交易的一个子集。在2000年，被包含在样本中的SWFs的交易，公开报道的交易总值为30亿美元。在2007年，可比数字是920亿美元。在2008年的第一个季度，金融危机恶化之前，操作交易量达到了580亿美元，超过了2000—

---

① 相比之下，属于规模最大的MENA基金的1.6万亿美元仅仅超出中国官方外国资产的一半（超过3万亿美元）。

2005年整个时期500亿美元的交易量（Monitor Group，2008）。

很自然，这种现象会进入媒体的视线，结果也会进入政治议事日程。在"9·11"事件以后，天花乱坠的广告宣传，有时甚至达到了歇斯底里的程度，此类宣传在美国公众中找到了肥沃的土壤。对恐怖袭击的关注延伸到了移民政策、技术转移、贸易协定，并且不可避免地对国内的外国投资产生影响。

美国人因学术地位、公共服务记录和智力声誉被期望持有一种平衡的观念，他们表达出同样强硬的态度："资本主义制度的逻辑依赖于股东（利益相关者并不一定是股东，政府属于利益相关者，但可能不是股东！）引导公司采用实现其股权价值最大化的行为。显而易见，这是政府作为股东在更长的时间内拥有的唯一动机，政府想看到国内公司能够高效运作、获取技术、收获影响。"[1]

让我们在此处暂停一下，这主要是因为拉里·萨默斯（Larry Summers）先生是美国的前财政部长，后来成为奥巴马政府的头面人物。他指出公共机构在投资战略中可能有不可告人的动机或采取秘密行动。如果这曾经一直是担忧的真正原因所在，在财政部任职期间，萨默斯先生应该可以就加利福尼亚公共雇员退休体制、阿拉斯加基金甚至"两房"事件提出这一问题，这些事件的确曾经在国会中屡受攻击。

相似的状况是，曾经众望所归赢得民主党提名的希拉里·克林顿（Hillary Clinton）坚定地指出："我们应当对它们（SWFs）的所作所为进行更多的控制。"克林顿女士曾任美国国务卿，她在任期内并未对SWFs采取过任何行动或表达过类似的疑虑和不安。

尽管法国总统尼古拉斯·萨科齐（Nicolas Sarkozy）在2007年曾经呼吁保护无辜的法国管理者免受SWFs的过度侵害（其中没有机构对在法国

---

[1]　Larry Summers ,Quoted in the Evening Standard(London),page 27,21 September 2007.

投资表达过任何意愿）。德国政府的高级官员认为，SWF也许是祸根，这可能意味着不利于德国公司的工会、官僚、银行和管理层之间的友好关系。

但是，这种看法不仅限于发达的经济体中。2006年，淡马锡在泰国引发了问题，当时它收购了由时任总理他信拥有的电信公司。事实上，泰国的民意反对他信利用漏洞规避这笔交易中其家族所应承担的20亿美元税收。尽管淡马锡与此事无涉，但是它还是自然地受到牵连而成为罪人，用以反对这项操作的争论之一是淡马锡属于SWF之列。淡马锡在印度尼西亚也遭到了反对，因为淡马锡拥有多数股权的企业购买了两个电信公司的股权。

简而言之，人们不再关注金融市场上这些新角色所起的作用、可能创造的机会、可能承担的风险以及对全球金融危机缓解所做贡献的有见地的分析，据析，争执开始向隐秘议程、外国政府政治影响的传播乃至恐怖主义风险等层面扩展。

不过，当经济晴雨表确定性地指向风暴来袭的时刻，SWFs投资的反应是迅速走向U字的转折点，正像《经济学人》杂志所描述的那样："这是一个关于乞丐与投票人的充满智慧的古老谚语。"[①]当它变得很清晰时，西方的金融体系就会处于危机的边缘（尽管回暖不是遥不可及的想象），但是态度会发生极大变化。正在批评SWFs收购、警告外国政府隐秘影响的该政府使者开始了恋爱游戏。时任美国财政部长的汉克·鲍尔森（Hank Paulson）积极策动国际货币基金组织通过了《圣地亚哥原则》。当美国的银行体系受到广泛冲击时，他在2007年造访阿布扎比时，恳求阿拉伯国家SWFs对美国银行进行投资。

到2008年年末，对SWFs抱有的厌恶感在受金融危机重击的国家几乎

---

① The Economist,17 January 2008.

烟消云散，对外国政府（不仅来自于SWFs）的支持所抱有的负面态度几乎全部改观（回顾请参阅Enrich et al.，2008）。

2011年，中国政府宣布向希腊与葡萄牙购买公债，得到了两国的积极回应，并且债券市场出现反弹。这并没有激发出愤慨，因为几乎可以肯定地说，总理声明的动机具有政治性。这种向"钱无臭味"态度的突然回归是对抗缺乏透明度的强有力证据，缺乏透明度等同于掩盖经济国家主义的无花果树叶。

在以上所有内容中，当美国与英国政府保全所有金融体系和大部分保险部门时，大西洋两岸的国家没有任何公众人物对公共实体干预私人市场表示愤怒。与此同时，美联储成为美国政府债券的最大持有者，欧洲中央银行成为懊恼的欧洲大陆国家主权债务的唯一买主。

虽然对SWFs的怨恨在政府圈子中减弱，但在急性发作期依然表现得相当明显。2009年，美国财政部发布了公共-私人投资计划（PPIP），通过从金融机构收购居民和商业抵押贷款证券进行筹资。在这个计划之下，美国财政部对来自任何投资者的基金进行配比，然后创造出6倍于原有资本的信用，针对每一美元的新资本，美国政府拿出另外一美元，然后，公共-私人投资计划允许在公开市场上购买市值240亿美元的不良资产。另外联邦存款保险公司为公共-私人投资计划发行的债券做担保人，这一计划对国内外投资者一视同仁。任何人都可以争论公共-私人投资计划是否在很大程度上是一种补贴性的计划，但是这一争论不受参与者国籍的影响。

而且，并非所有国家都有这样的愿望对此产生需求，因此，反对外国人的舆论偶尔才会浮出水面。2011年2月11日，安大略金融部长德怀特·邓肯（Dwight Duncan）发声关注迪拜首脑默罕默德（Sheikh Mohammed bin Rashid Al Maktoum），他增持了伦敦与多伦多股票交易所合并而成的公司的一小部分股份。

这一合并创造出控制原材料和能源部门、跨越20个交易市场的世界最大的交易平台，这一平台跨越了欧洲与北美。不但如此，按照参与交易的公司数量计算，它还构成了全球最大的交易平台，参与这一交易的公司数目超过了6 700个。

邓肯先生对迪拜国际资本公司（并非纯正的SWF，只是打理迪拜统治者个人财富的一种工具）表示了担忧，这个公司在合并的实体中占有11.3%的股份，将变成控制"战略资产"的最大单个股东。据报道，邓肯先生认为："我们与中东国家做生意，我不确定我愿意让它们拥有我们的股票交易所。"为了表明他的立场，他将多伦多股票交易所称为"战略行业的战略资产"。

可是，在这一表述中，邓肯先生有一值得称道的视角："如果你试图购买迪拜股票交易所，你觉得可不可能？"换句话说，他强调了有利于巩固国际金融关系的互惠原则，而这一原则经常在政策争论中被搁置一旁。

I.3 SWFs的定义

主权财富基金藐视正常运营的公司，违背一般的信念，他们并不是一个均质的团体，在目标、投资方式、开放程度、清算能力与战略上都不尽相同。媒体出版的SWFs的明细表中，通常包括了中央银行、养老基金、国内发展基金和私人财富基金，这是一个机构杂货袋。在这本书中，我们集中关注公共投资工具，这一投资工具被授权通过投资于国际证券、资产（包括公司的组合），将财富转移给下一代人。正是这种理念上的差别，我们倾向于使用更加特殊的定义，这个定义将会最终消除大多数的误解。当我们试图强调代际之间的转移职能时，我们更喜欢未来财富基金（FWFs）而不是一般的SWFs。在这个列表中，我们将会排除主要致力于国内发展的投资工具，比如沙特阿拉伯的沙特投资总局（Sagia）和国有企业（SOEs）如俄罗斯天然气工业股份有限公司（Gazprom）、沙特基础工业公司（Sabic）、中国的中海油（CNOOC）、卡塔尔的电信国际等；还有所有的国家石油公司，比如巴西国家石油公司（Petrobras）、沙特阿美石油公司（Aramco）、道达尔公司（Total）、阿曼石油公司、意大利埃尼集团（ENI）或墨西哥国家石油公司（PEMEX）；我们也将排除政府控制的养老金，如加利福尼亚公共雇员退休体制（CalPERs），这一体制的职能主要在于为其成员提供退休收入。

模糊不清和理解错误的另一个来源是，除了SWFs在广泛授权之下的操作，一些国家开办了其他的公共实体，它们属于在特殊部门从事经营活动和投资的广义类别的国有企业。例如在卡塔尔，伯尔瓦（Barwa）集团和卡塔尔迪亚尔（Diar）投资公司在国内外房地产领域运营，迪拜港世界的运营则集中于运输设备和后勤领域。SWFs和国有企业之间的差别十分清晰，但是这没有排除它们之间合并经营的可能性，近期的例证彰显了这种发展：卡塔尔电信（Qtel）与卡塔尔投资局建立了合资关系，根据路透社的数据，后者在卡塔尔电信拥有55%的股权。卡塔尔电信主席表示还将投资于外国电信和IT公司这种风险事业。

现实的存在模糊了国有投资工具的分类，也许关于SWFs和FWFs唯一有意义的区别在于后者将其资源从大宗商品收益中提取出来，并且这些实体主要通过中央银行储备的转移进行融资（Subacchi，2008）。据此，在本书中我们通常将SWFs区分为大宗商品与非大宗商品类别。

在第2章，我们详细讨论了SWFs的规模与增长问题，我们将SWF定义成由一般政府拥有的具有特殊目的的投资基金，其主要目的是通过掌管、经营和管理资产实现其金融目标。

I.4　错位的恐惧

　　贯穿本书的一个主题是：SWFs特别是FWFs主要着眼于长期业绩而不是季度报告，事实上，如果观察它们的行动轨迹——除了少数状况——搞清楚它们所追求的隐藏目标是十分困难的。尽管在这些例子中，有些可做模棱两可的解释，如中投公司收购力拓集团（Rio Tinto），但是，这种案例充其量是建立在无法证实的证据和意向预测之上，而非事实与证明的基础上。

　　最大型的SWFs是代际转移的重要工具，从概念上说，它与养老基金并无明显的区别。在资源丰富的小国这种特殊状况下，SWFs代表了将地下财富转化为地上财富的手段，SWFs和FWFs战略比中央银行所追逐的这些财富基金代表了更高的抗风险能力，中央银行需要维持一个外国资产流动池以阻止对本国货币的投机性袭击。但是，它们的战略比大多数的私人股权基金更为保守，因此，在任何重要层面上肯定与对冲基金战略不具有可比性。尽管一些SWFs将它们的部分基金投资于大型可选择资产基金，换句话说，SWFs和最好被称为FWFs的基金跟随着一个宽泛的战略谱系，它们很难被严格地赋予身份特征。

　　作为一种规则，SWFs倾向于回避公众的关注，所有的SWFs都回避在敏感行业投资，这容易激起国家安全部门的反感或有关外国所有权的政治争议。在多数情况下，SWFs都是规模庞大的投资者，2010年1月，时任阿布扎比投资局主席的艾哈迈德（Sheikh Ahmed Bin Zayed Al Nehayan）在接受《德国商报》（Handelsblatt）采访时所强调的态

度是：[1]

我们并不精于直接管理生意，必须清楚我们这样做无利可图，作为政策问题，阿布扎比投资局不会行使其投票权，除非偶尔为保护我们的金融利益或反对对股权持有者不利的动议时，我们才会这么做。这样的做法降低了我们对购买大量公司股权或谋取董事会席位的需要。自从其创立以来，阿布扎比投资局的哲学一直是建立广泛多样化的投资组合。在过去30多年的时间里我们一直努力工作，目的是基于这些简单的原则，在世界范围内与政府以及规制者建立开放的和相互信任的关系。

我们将继续奉行高度多样化的投资策略，放眼未来，更好地服务于阿布扎比当前与未来的利益。但是，我认为最近转向熊市的迹象也能够作为投资者风险管理重要性的有力提示。同时也可以作为在牛市时过度冒险的制动器。

除了传闻的和SWFs管理部门偶尔公布的证据，系统研究得出结论：分析投资轨迹记录难以发现SWFs配置选择具有特殊倾向的证据。例如，经合组织发表了一个高度关注SWFs活动的论文（由Avendano and Santisoh 2009年撰写）总结道："在西方国家，一个拥有政治动机的主权国家利用其金融势力保证大量股权的安全时，所害怕的是是否会被发现。"为了阐释这一结论，作者使用了共同基金投资作为评价SWFs资产组合是否代表不同寻常特征的标志。贝克与费多拉（Beck and Fidora）（2008）进行的局部范围的、更深入的研究表明，当挪威养老基金从侵犯伦理委员会建议的伦理指导线（例如防务公司和违背劳动者权益）的股票中分离出来时，对股价的影响极小，在统计上并不显著。[2]

---

[1] Handelsblatt,14 January 2010。

[2] 然而,这个结果被归因于挪威养老基金在这些公司中持有的相对较小的股本,也就是约占总资本的0.5%,基本相当于每天平均的交易量。

与其他种类的资产管理者进行比较，有助于将资产管理行业的一系列问题、SWFs最初的相对规模等放在上下文中加以理解，与养老基金、共同基金或保险基金相比，SWFs约占机构资产管理者管理的所有资产的6%，只有11只SWFs的资产超过了1 000亿美元。相反，根据其网站公布的消息，全球炒家比如贝莱德在2011年末的资产管理总量达到3.5万亿美元，其中包括股份、固定收入、现金管理、另类投资、房地产与咨询战略；加利福尼亚公共雇员退休体制大约管理着2 340亿美元；凯雷集团（Carlyle），最大的私人股份公司之一，以3大资产类别掌控着接近1 500亿美元，其中包括私人股份、房地产和可选择信用。美国最大共同基金的资产管理规模在同一联盟中相当于最大的SWFs：美国的成长基金规模达到1 370亿美元、先锋大盘股票市场拥有1 860亿美元、美洲欧洲太平洋成长基金A拥有1 130亿美元，先锋500指数基金拥有2 030亿美元、至少15只美国基金的资产管理总量超过了500亿美元。①

另一有用的比较对象是私人股权，戴维·鲁宾斯坦（David Rubenstein）——凯雷的共同创建者2010年8月宣布："2007年泡沫破裂之时，这个行业拥有了超过1万亿美元的管理资产，在某种程度上变成了资本主义的脸面。"

在2006年的第三个季度和2007年的第二个季度，私人股份企业宣布，尽管危机产生了严重的影响，总交易量仍达到9 100亿美元：在2011年3月以前的12个月里，根据Dealogic的数据，总量下降至仅为2 130亿美元。总之，这些数据意味着对作为SWFs活动结果的国际金融或大型公司所有权结构巨大变化的恐惧迅速弥漫。

作为最终的观察，我们想强调SWFs与私人所有机构之间的另一差别：SWFs不易犯罪，它们的目标经常是私人股份和/或对冲基金，这些机

---

① Based on website information，(February 2012)。

构是合伙人自我充实的机器，更倾向于在它们投资的公司里培育长期效率和责任感。这一特征将使市场没有得到充分发育以及公司治理不成熟的国家获益最大。这里，SWFs最有效地利用了机构关系去改善商业环境、充当对外投资的先锋，并成为变革的驱动力。

I.5 本书的规划

本书对SWFs的分析选择了一个更为折中的视角，强化我们观点的一个通常的主题是：SWFs的兴起是世界经济在向新兴市场迈进过程中长期失衡的副产品，SWFs从事的活动可以从不同的立场上进行观察。

关于SWFs大多数问题的概要性说明不能在现代宏观经济理论的框架内进行探讨，因为理论已经变得有些脱离现实。现行的国际经济模型不考察一个国家是否能保持长期的经常账户赤字或盈余，因此，它不能解释当前全球失衡的性质、资产定价的含义和政策处方。我们力图将带有政治动机争论的废话从SWFs现在与将来在金融世界所起作用的严肃分析中分离出来。

第1章我们的解释源自于日益恶化的宏观经济失衡，失衡的原因众多并最终导致了2008—2009年的全球危机。无论如何，在我们的语境中要区分两种类型的经济：首先是拥有一定数量自然资源的小国（有限的人口）；其次是拥有宽裕的经常账户盈余和人口众多的国家、厚实的基础设施和广阔未开发区域的国家。对于两种不同的国家，SWFs创立背后的理论根据几乎是相反的，SWFs管理自然资源收入的行为与战略可以透过经济文献中关于自然资源管理方面的模型加以分析，这些模型包括经典的霍特林规则（Hotelling's rule）到恒久性收入假说及其变形。对资本存量丰裕且参与金融市场的发达国家与面临储蓄短缺、资本禀赋较低和普遍贫困的发展中国家，理论上开出了不同的处方。

最优自然资源管理的标准必须放置在财政体制的语境中看待，将收入中自然资源收入占主导地位的国家（沙特阿拉伯）与具有广泛多样化财政基础的国家（挪威）进行比较。

在第2章，我们将提出SWFs及其增长背后的经济力量的分类，也就是说持久性经常账户盈余的来源。我们将从中央银行外汇储备的最优管理出发，这些储备是为了满足收支平衡的需要，能够抵消资本外流、应付外国资本流入的突然终止。一旦中央银行完成其制度授权，其他储备可以进行更主动的管理。简单地说，这是导致SWFs产生的一个理论依据，我们将对各类经济体经常账户盈余进行预测，进而对2016年SWFs资产管理规模进行预测。

第3章，我们将根据它们的目标与投资战略对SWFs进行分类，并且解释其中一些所拥有（有时是隐性的）的、需要兑付的负债。我们将SWFs和FWFs的长期目标与可供它们进行的选择联系起来，不仅根据金融投资而且根据人力资本、绿色能源、基础设施等。鉴于这一背景，我们分析这一战略时更倾向于关注多种不同的目标，以便突出说明SWFs对带有政治动机的投资并不抱有浓厚兴趣。

第4章，我们将话题岔入长期投资特别是风险管理、投资者的积极行动主义和绩效检测方面，SWFs一直在缓慢地接受丰富多彩的风险管理文化，总体而言，它们偏重与传统行业的投资相结合的机会主义式（投机取巧）的投资战略。对风险披露的关注被多样化资产组合的错误安全观所淡化。对我们会进一步强调的风险管理的一系列误解通常是切实存在的，而不仅仅与SWFs相关。金融危机在全世界范围内将原来的风险管理打回了原形，并且挫伤了对数量技术比如风险价值法（VaR）的信心，他是最常用的也是最值得信赖的衡量标准。在大萧条之后，SWFs所遭受的损失已经明确地晓谕大家需要一种综合性的投资方法，需要对宏观经济发展进行全方位的分析，仅根据一个或两个指标的异常就可以拉响警钟。对SWFs之于地缘政治版图的影响更感兴趣的读者来说，也许希望尽快转移到本章。

第5章，我们将对经济与金融版图重构的宏大走势进行全方位的分析，这一重构是全球化的结果，其中SWFs并非许多方面中的唯一表现形式。全球化与国际金融混乱以及商品与金融市场的大量蒸发交织在一起一定会扰乱和重整经济关系。例如，中东作为美国的主要经济伙伴，正在将其关注的焦点向欧洲和紧跟而来的亚洲转移。通过马六甲海峡和红海的海上市场以及经过中亚的陆路的古丝绸之路，在21世纪将有可能完全取代大西洋航线成为主导性的贸易渠道。本章，我们也将讨论后金融危机时代金融构架中SWFs的作用，与过去的50年相比，在这一架构中美元不再扮演重要的角色。

第6章，我们将对国际机构比如经合组织和IMF正准备使SWFs加入规制框架内的重要举措做一个全景分析。这一框架将试图使基金的接受国与盈余国实现双赢。在国家和国际层面，这些举措似乎一开始就是对政治压力和公众意念中根深蒂固恐惧的草率反应，而不是前后一致、深思熟虑的方法。然而，IMF的《圣地亚哥原则》正在慢慢地成为SWFs与接受国当局之间的契约框架，倾向于干涉它们不喜欢、不认同的交易。我们将岔开本主题，分析私人与公共机构作用的可变边界，全球化的全盛期被对市场美德的信仰打下了深深的烙印。无论如何，摇摆不定的事态正在转向政府在国内经济中更普遍的影响以及规则的重新界定。

第7章，将总结最为重要的观点，对未来的发展发表一些看法，描绘SWFs和FWFs所面对的一些挑战，特别要对21世纪新的金融构架进行讨论。

参考文献提供了过去几年间致力于SWFs和FWFs研究的卷帙浩繁文献的大批样本。

第1章 SWFs背后的宏观经济动力学

世纪之交的几十年将被记录进经济史中，这是一个更能反映经济与金融在世界范围内整合的过程，被总称为"全球化"。源自于WTO所刺激的贸易自由化、在主要行业相继产生的规模经济、工厂迁移所带动的技术向新兴国家转移、先进的通信与联通性、运输成本的急剧下降所带来的物流业的革命（为全球制造业的重整铺平了道路）推进了全球化进程。（对全球化的影响所进行的精到核算见弗里德曼（Friedman）的著作《世界是平的》（2006））

具有讽刺意味的是，对全球化的早期注释传递了一种错觉，联系地理上相距遥远区域之间的强大经济链条出现了停滞，从美国为中心的主导区域向一些新兴国家扩展，后者是停滞几十年、不发达但从自给自足的经济中蜕变出来后热切拥抱自由市场的国家。推动经济自由化的政策、资本流动被当作这一过程中注定实现起飞的翅膀。

几乎难以想象全球化会始于经济活动的严重错位、在宏观经济层面推进多种多样的国与国之间的关系、加速技术诀窍的转移，吸引资本向禁区流动。供应链的开放与重置有利于后来者而不是目前的参与者。最终，世界经济硬件的重新格式化导致经济力量在成熟经济体与新兴国家之间的重新洗牌。

甚至极少人会预见盎格鲁-萨克森金融体系将切实沦为这一过程的牺

牺品，而不是从全球化中获取优势。部分是因为骄傲自大和能力不及，部分是因为金融机构的决策者忽视了迫切需要的变化，正如默罕默德·艾·艾利安（Mohamed EI Erian）在其著作《市场何时崩溃》中所强调的一样。令人尴尬的是，将其自身描绘成全球化的标准支持者和主要受益者的国家（主要是美国与英国）落入降级区。与此相反，（至少迄今为止）经济上、金融上和政治上最大的相关收益被巴西、印度等国享有，它们同小型新兴市场经济体一同被期望成为全球化进程中的"核心"（tardgets）。

在世界舞台上，SWFs的兴起一定会被认为基于这一不同寻常的背景。SWF现象由持久的大量经常账户的盈余引发，由以下三个相互交织的现象所推动：

（1）商品价格的飙升；

（2）强劲的出口拉动增长模式（model）（有时可以说成重商主义，我们将在后面论及这一话题）；

（3）亚洲大型大宗出口国和许多其他新兴市场经济体追求的稳健（可能过度谨慎）宏观政策框架。

第一个现象容易理解：大衰退（greater recession）以前，超过20年前所未有的世界经济增长导致各种自然资源和食品的需求将供给扩展至极限，尤其是2005年以后。主要的受益者是能源生产商，但也包括了最贫穷的非洲国家。

第二个与第三个现象植根于20世纪90年代中期的墨西哥与亚洲危机的余波——代表全球化的短暂停顿——和被推崇的稳定政策（有些被说成IMF强加的）与盯住美元的结合。在这些危机的痛苦余波中——翻炒热钱的滚烫的手指突然指向了它们的货币——采取了谨慎的、混合性的财政与货币政策。这个政策立场的坚定程度是由外汇储备的累积来衡量的，被视为防范危机蔓延、热钱流动和风险厌恶阵发的手段。随着危机记忆的消退和稳定的恢复，很明显，累积的储备一旦超过一定点之上就不得不承担大量的机会成本。我们将在第2章具体解释。因而，新兴国家政府开始寻找管理这些基金的更好的路径，试图从阿拉伯海湾大宗商品出口者的经验中获取灵感。

1.1　持久的经常账户盈余转化为外国资产的累积

对于一个拥有经常账户盈余的国家而言，除了投资海外别无选择。其基本原因为经济学家所熟知，但对于政客、社论主笔和脱口秀嘉宾却非如此。拥有经常账户赤字的国家，如净进口国需要外部信用，从国外购买物品与劳务。出口国所赚取的部分收益不可避免地要为自己寻找出路，成为外国银行的存款，进入外国股市，买入外国主权或公司债券、房地产等。对于每一美元的经常账户盈余（欧元、日元或元），出口国会累积相应一美元的外国资产，同时，对应于进口国一美元的国外负债。

这种资金流动也意味着经常账户盈余与国民储蓄总量存在着直接关系：一个国家正是另外一国的反面（经济学家认为经常账户余额与国内储蓄是等价的）。原因很清楚，为了向进口国提供信用，出口国必须储蓄（否则它们将无钱可借）。因此，它们为了对购买其商品的贸易伙伴融资必须放弃部分国内投资。这可以通过一个简单的关系式表达出来：

CAB=S-I (1)

此处 CAB 是指经常账户余额，S 是国民储蓄（私人与公共部门之和），I 指总投资（私人与公共部门之和）。

简言之，一个拥有结构性经常账户盈余的国家（如石油出口国）便会拥有外国资产的存量，外国负债所支付的利息或利润被计入债权国经常账户的盈余以及债务国经常账户的赤字。

在发达的、多样化经营的经济体中，这些资产以央行储备的形式主要为私人部门所持有，极少部分为公共部门持有。央行的储备一般保持为低风险、高流动的资产，以保证国内企业和个体满足商业支付、组合交易、旅行所需要的外汇。央行不会过度从事积极（active）的资产管理。

在缺乏丰富自然资源的经济体中，金融部门会被公众、政府和大多数经济学家所看重。在这里私人投资者交换证券、外汇，达成交易，协商贷款、交易和衍生品的合约条款。事实上，出口商、银行和资产管理者主要由私人构成，其中有些属于例外，比如公务员养老基金（加州公共雇员退休体制）。并且，公有银行直到20年前在欧洲依然普遍存在（德国直到现在依然如此）。但是，20世纪90年代中期，公共之手很大程度上在西方失去了对金融部门的控制力。

因此，政府对金融市场的参与现在仅限于公债的发行与管理，偶尔涉足公有公司的出售。简单地说，政府在成熟经济体、政府及其代理机构充当卖方而非买方的控制者。央行依照惯例通过公开市场操作注入或撤出流动性，极少干预外汇市场。不过这些操作是为了实施政策目标，并非为了谋取利润。

在自然资源（属于国家）丰富的小国，大部分出口收益直接或通过国有股权由公共部门控制，因此最终成为大型基金的管理者。

西方公众认识到公共股权像私人公司一样从事金融交易是十分棘手的问题，这是一种越轨或者说应该被看作体制程序的问题吗？或在什么条件下应当如此？

在回答这个问题以前，在以下内容中我们需要指出一个谬误：政策制定者和媒体评论家被这样的思想蒙蔽了眼睛：经常账户的失衡是暂时的。这种观念可以追溯至令人肃然起敬的蒙代尔-弗莱明模型中。

从本质上说，模型假设实际汇率的矫正与生产率的调整会很快地吸收净出口国家的竞争优势，因而，外部均衡得以恢复。同时，相对于大量的金融资产，这些盈余或赤字被设定成一个较小的数量，这在很大程度上是发达国家的实情。实际上，除了第二次世界大战（以下简称二战）结束到布雷顿森林会议体系崩溃之间的短暂时期外，自由贸易尤其是资本的自由流动产生了庞大且持久的盈余或赤字。周期性的失衡变成国际政策谩骂的焦点和对"调整"的呼吁，但是，大量外国资产或对外负债是不正常的这广为人知的观念难以消除。

在一些大型的经济体中，长期经常账户盈余的规模在过去十年稳步增加，除了日本在历史上具有良好的表现以外，德国、中国与OPEC国家都是典型的净出口国，在长期内注定会维持在这样的位置上，这与蒙代尔-弗莱明模型的宗旨恰好相反。

新的模型由奥博斯特菲德（Obstfed）与罗杰夫（Rogoff）首创，包含了根据消费平滑和国际资产组合配置解释经常账户失衡的跨期框架。[1]但是，即使这种更为复杂的理论方法也忽视了长期经常账户赤字带来的国际资本流动对全球资产价格的影响。所以，经常账户赤字和金融部门之间的关系令人费解。[2]

第7章我们将焦点放在这个宽泛问题的特殊层面上，也就是能源产品的价格如何影响美联储主席本·伯南克所谓的储蓄过度，比如全球资本市场上寻求机会的金融流量的明显过剩。

从20世纪90年代中期以来，当美国继续推行经常账户赤字扩大政策（图1-1）以及中国与日本这样的国家（连同其他亚洲国家，而对德国则程度较轻）保有巨额持久性经常账户盈余时，由于缺乏任何理论支撑，主流经济学家对此的疑惑似乎与日俱增。

根据国际金融学会在2002—2006年的估计，海湾合作委员会国家积累了大约1.5万亿美元，相当于前5年的2倍，比较起来，这个数字大约相当于纽约证券交易所（NYSE）在2007年末国内市场资本化的10%。超过了东京股票交易所、泛欧证券交易所和纳斯达克的1/3，足以购买2006年末在德国证交所上市的所有公司。这种来自石油出口国的货币流一定要与中国、韩国、日本和大宗商品出口国如加拿大和澳大利亚等外国资产的累积量一同计算。金融危机仅仅略微降低了这些流入量，因此，外国资产持续地累积。

---

① Knight与Scacciavillani(1998)对伴有发达和新兴国家经验应用的经常账户余额的主流方法持一种批评态度。
② 希望金融危机能促进研究的兴盛与数据的丰富。

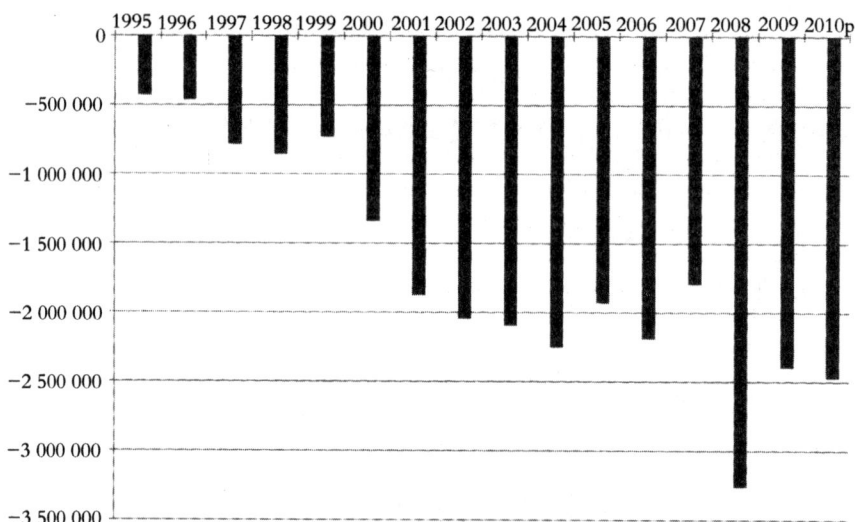

图 1-1　美国的净国际投资头寸（百万美元），P表示预测的

Source：US Department of Commerce.

1.2　吸纳约束：建立SWFs和FWFs的基本原理

为什么政府将出口收入重新投资于国外，而忽略了国内项目和社会计划？毕竟，投资于国内而不是向外国人提供资金、提高国内人口的生活水平在政治上更能取悦于民众。

答案在很大程度上取决于一个国家的吸纳能力及其所拥有的一些重要内涵。让我们来考察两个几乎完全相反的例证：俄罗斯与卡塔尔。我们注意到，俄罗斯并不是一个完全意义上的市场经济国家，法律乃至对投资者的基本保护措施是有限的。尽管用于基础设施、制造业、原材料开采的资本需求比较分散，但是，政治风险仍然存在。私人企业——例如国家与地方政府影响之外的公司——只在外围的小型服务业（如零售与会计业务）中扮演着无足轻重的经济角色。结果，即使是俄罗斯的SWFs也倾向于投资海外，尽管自然资源可用于改善国内生活水平。

相反，卡塔尔是一个人口不足25万、小而贫瘠的国家，政府颁布了在金融、旅游、交通服务和石化领域大规模的基础设施建设方案。结果，根据来自于IMF《世界经济展望》^①的数据，在2001—2011年期间，以名义美元计算的经济规模几乎以10倍的速度增加，平均资本收益翻了一番。很明显，这个业绩一部分来自于石油价格的上升，但是，非石油部门也表现得欣欣向荣。在一些年份里，投资总量超出了卡塔尔GDP的1/3，将来几年的投资计划估计约为当前GDP的3倍。移居人口已经占到了居住人口的3/4。这种扩张的进一步加速将会遇见瓶颈，鉴于住房的稀缺、劳动力与原材料短缺和基础设施的不足程度，这种瓶颈已经显而易见。类似的观察适用于阿联酋（UAE），其他海湾合作委员会国家的状况稍好。

经济发展本不是一蹴而就的事情，吸纳能力需要逐步形成，因此，小型石油出口国被迫将其石油出口的一个固定比例投资于海外。换一种不同的说法，卡塔尔、阿联酋、科威特、挪威与新加坡也是如此，这些国家已经达到了较高的人均收入水平，它们选择通过出口的方式将累积的财富转移给下一代。投资海外的另一种动机是保值：即使一种冲击打击了国内经济或商品价格，那么收入水平也能够得以维持。

在这个谱系的另一端，如果机能失调的国家，如俄罗斯与尼日利亚，在实现商业环境自由化以及促进基础设施开发后，将更多的出口转入国内经济，那么，这些国家会变得更加富裕。

当SWFs创立的动机是想从各种不同压力集团（和政治资助者）预算资源争夺中保有意外收获的话，各式各样的机能失调的治理案例就会出现。独立于中央政府的实体取得的产权分明的收益相应于对政客将资源浪

---

① 在2001—2011年间,卡塔尔人均收入从52 300美元增至103 900美元,同时,名义GDP同期从175亿美元上升到1 732亿美元。见WEO数据库,http://www.imf.org。

费在亲抚计划和资助等不轨行为的防范成本，两相比较，在结果上并无分别。

尽管记录是模糊的，但是，这是一定情况下IMF倡导的一条行动路线。例如，2010年关于巴布亚新几内亚的IMF工作报告认为，"像一些国家的经验所支持的那样，特殊财政机构（如SWFs）本身不是一剂万能灵药，而是需要被整合成一个合理的财政政策框架……事实上，在一些拥有特殊财政机构（如SWFs）的国家中，政府按照大宗商品收入安排支出，而不是规避财政政策的顺周期性，相对于没有特殊财政机构的类似国家而言，政府的支出行为没有被发现存在着有特殊意义的区别（Davis and others，2001）。"在另一些拥有特殊财政机构的国家，政府并未根据大宗商品收入进行支出，但是，这是一个特殊财政机构成立之前和之后的案例（Ossowski et al.，2008）。

不必说，在机构的设立、治理、制衡、责任承担、授权、内部审计等方面需要为管理基金的SWFs进行适当的设计，基金的安排需要与所接受的授权相一致。

从这个意义上来说，尼日利亚提供了一个很好的范例。1995年前，尼日利亚拥有各类石油收入带来的、用于预算外支出的额外预算资金。支出被分配在石油部门和开发项目的各类投资上，为此进行的项目评估、标准选择和治理不够严格。此外，管理规模和风险复杂性的能力不足。结果，好多项目因担负不起庞大的额外融资以及较低的事前与事后收益率而终止。在几个案例中，支出超出预算、目标模糊不清的情况司空见惯。不过，为了牢记这种经历，尼日利亚议会在新总统古德鲁克·乔纳森（Googluck Jonathan）的压力下在长期激烈的争论后通过了授权SWFs管理石油出口收入的法令。新总统在国家高层反腐方面声誉卓著，这个国家过去的政府在诚实与正义方面未被广泛认同。

概括地说，拥有丰富自然资源的小型经济体面临着由总体规模决定的出口收入的吸收能力问题；相反，大型经济体则面临着由其制度与法律框架决定的吸收能力问题。

1.3　自然资源禀赋的管理

为什么一个自然资源丰富的国家想积累外国资产？仅仅靠开采自然资源满足经济和政府预算的需要，每年小幅增加，只要保持在安全的限度以内，难道不是更好吗？

在摘要中，这似乎是一种更为合理的长期资源管理战略，实际上这可能是行不通的。例如，因为开采技术带来规模报酬递增，因此，装配能力需要完全用于收回投资。在另一个例子中，通过签署合约向私有外国公司转让开采权，因此，政府获取了采矿税，但是，对开采程序几乎没有发言权。

总之，SWF和未来财富基金（FWF）专注于将地下财富转换成地上财富。最好的案例是，来自于自然资源禀赋的最大长期收益是将石油以及其他矿产数十年封存不动，而同时从金融市场进行借贷。挪威，可以说是一个已经走向繁荣的国家，它宁愿20年停止开采北海石油，而是靠在动荡不安的金融市场积累财富。但是，无战略便无风险，特别是涉及长期决策时，这种状况下不确定性程度难以被吸收。例如，在未来20年，假如一种新型能源取代碳氢化合物，石油和天然气储备可能会变得一钱不值，挪威人将会为此忧心忡忡。

自然资源红利的最优管理很难成为经济学家宠爱的课题，文献众多，其根植于令人尊重的霍特林法则（Hotteling，1931），其含义是在确定条件下，对一种可耗尽资源收取的价格的增长比率一定等于利息率。依照这一原理，最优开采政策使代际获益达到最大化（见专栏1-1）。

四种假设支撑着霍特林法则：

（1）现在或将来，产量都会依照意愿毫不费力地增长。

专栏1-1　霍特林法则

可耗尽资源的最优开采率就如霍特林设想的一样，可被看作利润最大化问题的解：

$$\frac{\partial X}{\partial t} = Y(t) \tag{2}$$

X表示资源存量，Y（t）表示每一时间单位的开采量，利润由下式给定：

$$\prod(t) = pY(t) \tag{3}$$

p表示资源价格，未来利润需要被贴现，均衡时的贴现率等于利息率，因此，最大化问题由霍特林首次提出并给出解决方案，这个问题可以被表达为：

$$\max \int_0^\infty pYe^{-rt}dt \tag{4}$$

r代表一定时期内固定不变的利息率，总利润最大化现值的解是：

$$p_t = p_0 e^{rt} \tag{5}$$

例如，资源价格在一定时期内以等于指数r的比率增长，开采持续到价格达到技术或资源的替代品变得在经济上切实可行的水平，这被称为支持价格。很有意思的是，这被解释为自然资源禀赋等同于手中掌握着年率为r的债券，直到支持价格实现。

霍特林法则的基本原理并不复杂，如果我们将自然资源作为一项资本禀赋，其现值取决于其贴现率（在均衡的、无风险的世界里，它等于当时的市场利息率）。因而，霍特林法则只是一般理念的特殊情况，这个一般理念是指在竞争性（功能完全）的市场上，所有资产包括金融与实际资产的收益率都是相等的。

这个基本原理可以解释如下，如果自然资源的价格上升，致使其收益率上升到利率之上时，生产者将会增加供给或新的厂商会加入市场，价格将回落至长期均衡的水平。如果价格的上升慢于有保证的利息率，供给将会减少，价格将回升至均衡水平。在竞争性市场上由资源稀缺性产生的利润被称为"霍特林租"（也叫作资源租，在李嘉图的概念中称为稀缺租）。

（2）可耗尽资源的总储量是可以被精确计算出来的，不存在保证其扩大的技术进步。

（3）未来需求（每年）都是可以被精确估量的。

（4）未来利息率已知。

其中的每一项假设都不符合现实，尤其针对于能源类商品。在情况（1）下，非再生商品需要相当数量的资本支出，开采设备需要花费相当长时间建造，而且设备需要在长期内保持运转，企业要面对自然资源价格剧烈波动的风险，因此，它们在投资之前要进行谨慎的价格预测。一旦确定投资，设备就要总是处于运转状态直到价格能够弥补运营成本，它远远低于包括固定成本摊提在内的平均成本。情况（2）也是不合适的。相应价格信号、企业对新存量进行的探测在很大程度上取决于需求的变化，并且存储量的增长超出或保持与产出基本一致的水平。情况（3）只是暂时成立：当价格上升时，资源的替代品开始出现或保护技术被研发出来。本质上，没有人懂得太多有关支撑价格或资源未来需求方面的知识。此外，利率本身也会持续地发生变化。

关于石油价格，我们援引一个很著名的例子。自1931年以来油价一直随需求和供给的变化而波动，它向来不会与利息率同步提高。这时，石油价格因大萧条、中东和美国（集中于得克萨斯和加利福尼亚州）发现大量石油而降低。二战期间，石油供给过度消失，但是由于发现了易于开采的中东油田，在20世纪50年代和60年代石油价格再次下挫。OPEC卡特尔的成功与1973年的石油禁运带来双重打击，因为石油的垄断是由在中东之外开发与探测新油田的高成本综合而成的。在经历了由1979年伊朗革命触发的第二次石油冲击的沧桑后，直到2003年美国入侵伊拉克，石油价格一直保持低迷（除了第一次海湾战争期间的短暂反弹外），这是因为油田的连续发现以及石油需求增长放缓。在过去的10年里，新兴经济体对石油需求的增长和地缘政治的动荡导致石油价格从每桶25~30美元飙升至每桶超过100美元。

尽管霍特林法则不是指导有关现实世界预测的条理分明的理论，但它提供了一个衡量现实所依赖的理论标准。特别是对于政策制定者而言，它包含了重要的提示信息：如今单位资源的消费所花费的机会成本等于未来出售这部分资源所获得的边际利润现值。决策者将始终面对着在开采资源的增值和已开采与售卖的资源当前值之间的选择。

尽管边际利润不能被准确地计算出来，在现实中它是持续变化的，跨期替代一直是恒久性收入假说（PIH）的基础。从某种程度上说，这代表了霍特林法则的演进（专栏1-2）。恒久性收入假说认为，个人消费（或储蓄）决策不是立足于他们的现期收入，而是基于预期的一生未来收入流的总和，这部分收入流来自于就业、投资、继承等。[1]这个目录中的财富被定义为预期未来收入流的贴现之和。

专栏1-2　恒久性收入假说（PIH）

支撑PIH关键性的跨期关系表明，每个时期的个人（或共同体）最优消费等于财富的实际收益率。将这一原理用于一个拥有自然资源禀赋的国家。每个时期 t 的最优消费 C_t，可以用下式表达出来：

$$C_t = r[F_t + \sum (T_t + 1 + i/(1+r)i)] \qquad \text{其中} \ 0 < i < \infty \tag{6}$$

F_t 是指在每个时期 t 的开端从石油中获取的净收入的累计值（例如非支出），包括利息收入；T_t 是指在每个时期 t 政府期望（生产成本的净值）的石油收入；r 指石油财富的实际收益率（假设跨期是不变的）。

---

① PIH的含义是个人对消费方式的选择不是取决于现期收入，而是取决于对未来收益的预期。因此，在坏年景，消费的下滑会低于预期的状况，因为个体倾向于使消费水平保持稳定。

当应用到一个国家时，PIH认为每个时期全体居民的消费数量等于累积石油财富的收益率乘以预期未来财富的净支出值。这个跨期均衡的规则能够保证当前一代分享给下一代自然资源禀赋的收入，我们将PIH解释为一种代际之间转换的公平基准。

　　当然还可以有其他选择，比如基于不同的贴现标准、考虑实际生命周期的约束、接受其他公正的定义。在其领土内发现自然资源储藏但缺乏投资资金的国家只能借外债，将未来出口收入流作为担保，在自然资源耗尽之前将一部分收入储存起来。建立SWF，使其规模大到足以用这笔金融财富的利息去维持消费的长久增长。广泛采用各种不同的策略，比如向外国公司拍卖探矿权与开采权，换取既定时期内的采矿权的收益流。

　　事实上，即使国家不面临为采掘自然资源筹集资金的任何问题，它们也有足够的金融手段倾向于拍卖掉它们的权利，因为，其中的关键问题是缺乏技术以及项目管理技能。近期的案例将会是伊拉克，这个国家的大型SWF管理着累积起来的石油收入（包括联合国管理下的食品换石油方案）。[①]

　　一个十分精明的方法是"鸟在手"假说（Bjerkholt，2002；Barnett and Ossowski，2003），这里假设所有通过SWF储存的收入和增量消费被限定于基金所赚取的利息。这个规则可以被理解为等同于恒久性收入假说，但是在未完全赚取以前，其所留下的天然财富未被触及。换句话说，对未开发资源预期价值估算的利息将不会被花费，但可以通过SWF进行再投资。

　　所有关于最优规则的论述也许可能填满一本专著，但它超出了本书研

---

　　① 在禁运的年份里,伊拉克只准许出售其石油产出的极少部分,收入汇入联合国账户,只有满足基本需要的资金被划拨给伊拉克政府。

究的范围。①这里只想说，在自然资源的出口过程中，消费与储蓄的替代决策依赖于一系列状况和集体偏好。SWFs是其中之一，也是实施这种被采纳战略的主要机构之一。

在现实世界中，很少有一种连续的、实用的方法与理论能够精确地指导现实，因此，任何投资政策都必定跟随着一个抽象模型是不太可能的。它们应该被作为纯粹解释性的、适用于各种广义可替代资产的一种基准。

一种方法不能被视为好于另一种方法，当一个国家决定开始采纳一个固定规则并且能在后期转换成不同的规则时，也许就是一种好方法。例如，一个穷国一旦大宗商品的储藏被发现，以未来收益作抵押进行借贷，以便作为开采的跳板，就是行得通的计划。当投资已被分期偿还（全部或部分）以后，这个国家最终会多少转向恒久性收入假说政策或与"鸟在手"相类似的方法。本章的最后部分我们将对挪威与沙特阿拉伯进行假想换位分析。进一步而言，在现实世界中，一个国家面临着如利率、商品价格的波动、证券风险、影响商品需求的技术进步等因素的突变，因此需要见机行事而不是按部就班。

1.4 大宗商品的需求与超级周期理论

霍特林法则与恒久性收入假说是关于供给方的理论，需求方依然是不明朗的。我们已经指出自2006年以来，大宗商品价格的上行趋势开始见强，这个现象可以被当成现实社会无情地、不可逆转地使用自然资源的证据，石油峰值论成为媒体与互联网喜欢的话题。但是，2008年夏季以后，石油价格的急速下降对这种争论提出了质疑（表

---

① 通过跨期模型表现出来的几个有趣的案例概览包括在Venables的研究中（2009）。

1-1）。2009年油价反弹，2011年晚些时候又一次下降（不如2008年下降迅速），这些现象证明了大多数脱口秀节目将诸如此类的复杂问题考虑得过于简单化。

表1-1	OPEC篮子石油价格	美元/桶
2007年11月		88.84
2007年12月		87.05
2008年1月		88.35
2008年2月		90.64
2008年3月		99.03
2008年4月		105.16
2008年5月		119.39
2008年6月		128.33
2008年7月		131.22
2008年8月		112.41
2008年9月		96.85
2008年10月		69.16
2008年11月		49.76
2008年12月		39.53
2008年平均值		94.15

Source：OPEC.

由商品收入提供资金支持的SWFs是否将在国际金融中能够保持强劲势头的讨论是强调要素影响商品需求思想的顶峰。在第2章的附录中，我们要进入SWFs管理资产规模增长的研究，这种管理基于IMF估算的能源价格。这里我们将聚焦于对大宗商品需求更为一般性的展望。

关于商品价格近期波动和上行趋势，更为普遍性的解释争论的路径有两条：超级周期和投机。首先强调长期现象，其次是针对于基本线路的短期阐述。①

典型地说，在经济周期复苏阶段，大宗商品价格上扬，当影响到每个人日常生活的时候，例如当食品价格急速上升时，"投机"就变成了罪魁祸首。投机没有面相、没有国家、没有名称，因此，它是类似奥威尔经典式两分钟记仇的完美目标。

最近的数据显示，在商品指数基金中，这种基金应该赚取"丰厚的风险溢价"，利用了相当可观的杠杆力量，将深度的可用性与易兑现的交易所交易的期货合约相结合，投资者从股权中转移出来，并且掀起了指数基金投资的巨大风潮。有些人将这种现象描述为"商品期货市场的金融化"（Tang and Xiong，2010）。考虑到大宗商品指数基金的规模与范围，对于许多追随者而言，这些指数基金被认为是推动能源与大宗商品价格上升的投机活动的首要怀疑对象。从20世纪50年代洋葱市场被打压以来，三番五次，跟踪投机者的踪迹被证明是困难的。不用担心，任何一个价格上升的下注（例如赌博）一定对应着一个价格下降的下注，否则将不会成交。尽管存在着大量的平均头寸规模，假若市场上的指数基金的总规模并非压倒性的，学术研究与官方委员会几乎不能拿出排他性证据。依照惯例，他们是被指定寻找确凿证据的人。近期最有深度的论文之一（Irwin and Sanders，2010），使用了新数据与实证分析，发现指数基金对商品期货价格的泡沫不承担责任："在统计上，没有显著的关系显示指数与互惠基金头寸的变化增加了市场的蒸发量，证据表明，这里是最强大的农产品期货市场，因为指数交易者头寸数据是以合理的精确性来测算的。"

如果投机不是大宗商品价格的主要影响因素，那么，其根本力量在于运作。一直以来，存在着一个涵盖学术和市场分析的大型文献库指出，由

---

① 媒体与学术文献上出现的另外一个名称为"泡沫"。

新兴市场驱动的"超级周期"有可能在可预见的将来持续存在（渣打银行，2010）。除了来自新兴市场日益增长的大宗商品需求存在明显影响以外，一种更特殊的冲动归结为城市化，城市化是经济重心长期移动的主要衍生现象之一。城市化等同于商品密集化的过程，从历史上看，当人均年收入接近中产阶级水平时，商品消费会有明显增长。城市居民拥有较高的人均收入，消费了较多的商品，使用了更多能源，消费了多种多样的高蛋白食品，导致了对软商品（soft commodity）如粮食和金属的需求。

根据来自联合国的数据①，2008年全世界生活在都市中的人口比例在人类历史中首次超过农村地区。人口流动非常明显。预计到2030年全世界将拥有几乎50亿城市居民，大都市的增加集中在非洲和亚洲。中国本土就拥有大约170个人口超过100万的都市——在未来几年这个数量将会因为从乡村向城市大规模移民而增长。关于欧洲的比较数据显示，只有35个城市达到100万居民，同样的进程发生在印度，根据联合国预测，按照人口统计动力学，它可能比中国落后15年的时间。

在经济学的幼年期，由康德拉季耶夫（Kondratiev）（1925）提出的长周期概念成为理论热点，他深入研究了跨越整个19世纪的变量，比如工资、利息率、原材料价格、对外贸易和银行存款。康德拉季耶夫波动（也被称为大潮、长波、K-波、长周期和当代时髦的说法超级周期）被描述为正常约为30年的类正弦曲线周期。康德拉季耶夫以及类似的正常长周期理论并未被广泛接纳为关于经济力量如何运作的阐释。大宗商品价格的涌动在最近10年的后半程把人们的兴趣拉了回来。

在超级周期的内核中蕴含着这样的理念，所有大宗商品的价格与大多数其他商品的价格运动是同步的。不过，即使在长波中，由于种种原因，大宗商品的价格运行依然有很大的差异。这些原因包括：一些商品很容易

---

① United Nations Population Division. http://www.un.org/esa/population.

增加产量，而另一些商品需要特殊的运输设备，还有一些商品可能受安全问题或冲突的影响等。当今的技术和物流与康德拉季耶夫所考察的19世纪已经不可同日而语。

石油提供了一个有趣的历史视角，当它在19世纪60年代左右变成一个主要的能源商品时，石油生产的特点是过度开采，因而导致储量枯竭，石油价格波动明显。价格控制与两次世界大战降低了这种影响，直到1973年，油价都保持在极其稳定的状态。当其他商品价格上扬时，小麦价格则不同。例如，轮船的普及所引发的交通成本的下降，它与19世纪末美国产量的迅猛提升结合在一起压低了价格。二战以后，"绿色革命"比如小麦种子改良以及化肥在世界范围内的使用增加了产出，降低了价格。

有一个令人称道的工具被称为蛛网模型（或称为蛛网理论），它描述了短期供给固定的商品价格的需求效应，它由卡尔多（1938）提出。现实通常可能更为复杂，但是，本质上蛛网理论强调超级周期假说依赖于供给对需求的缓慢调整（见专栏1-3），金属、石油与稀土等商品尤其如此。但是农产品需要在几年以后才能校正所有显著的失衡。事实上，在2011年食品价格明显下降。

专栏1-3　蛛网理论

在基本的供求模型中，价格会调整至供给量等于需求量，实现这一均衡的精准机制并不总是清晰可见的，因为供给与需求的迅速调整并不是理所当然的。实际上，如果冲击打破了均衡，结果市场的总需求量和总销售量是 Q_1，价格水平为 P_1（见图1-2），均衡如何恢复呢？在短期，供给是既定的，调整不会发生。在接下来的年份，生产者将产出确定在 P_1 的价格水平上，因此，产出在 Q_2。但是在产出为 Q_2 的价格上，购买者愿意支付的价格为 P_2，远低于 P_1。结果，在第三年生产者将产出调整至 Q_3，导致价格处于 P_3 的位置上。如此等等，直到几年以后均衡恢复。图1-2（a）右图描绘的是商品价格收敛于均衡的时间序列。这种收敛决定性的条件是需求与供给曲线的斜率是不同的（如果它们是相同的，这个过程永远不会达成P_EQ，将会无穷无尽地震荡）。如果供给曲线比需求曲线更加陡峭，则商品价格是收敛的；否则，商品价格就会发散，如图1-2（b）所示。

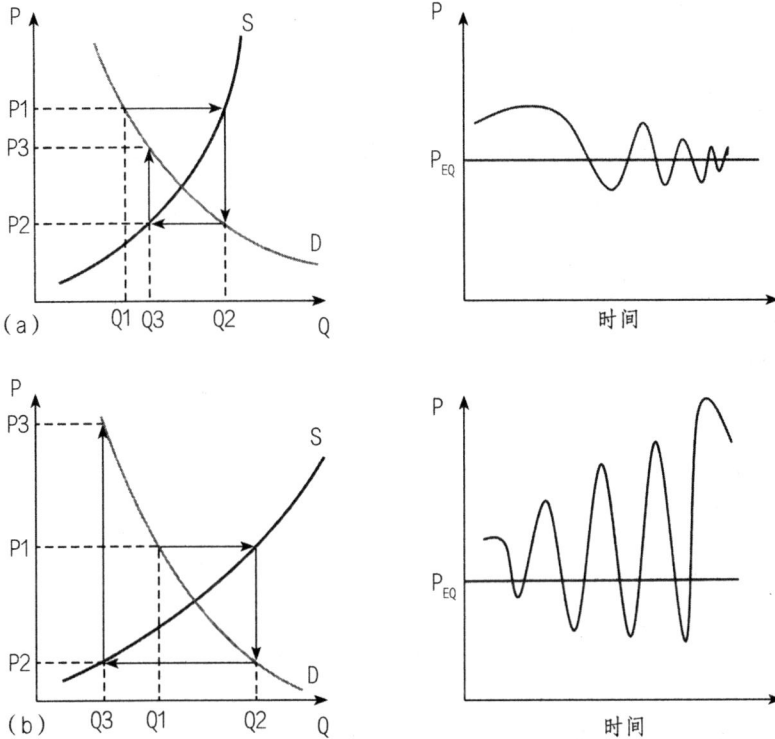

图1-2 蛛网理论

（a）当供给曲线比需求曲线更加陡峭时，收敛情形会出现。在每一轮周期中波幅会逐步减小，因此，在这一时期，价格与数量点看起来是内螺旋式运动。（b）当需求曲线比供给曲线陡峭时，发散情形就会出现。在每一次循环中，其波幅会增大。因此，价格与数量关系是外螺旋式运动。

Source: http://en.wikipedia.org/wiki/Cobweb_model.

　　油气出口将巨额资金注入了几只SWFs，进行预测不是那么容易的事情。尽管末日论者宣称石油将在30年后耗尽，但仍然在能源供给组合中占据主导地位。自从1970年罗马俱乐部首次发出广为关注的自然资源面临耗尽的警告以来，这种预测实际上一直没有改变。2008年中期，媒体充斥着石油峰值论，对石油价格将突破每桶200美元的预测上了头条。后来这种癫狂开始降温，但是碳氢化合物储量正在萎缩的预期一直广泛存在。实际上，新储量陆续被发现，但是开采成本逐步上升，因为新储量处于更深的地层或即使位于可检测的环境中，但经常位于水下。

对于如何证明是错误的预测，天然气提供了一个令人感兴趣的案例。2008年前，天然气价格一直追随石油价格，2009年美国和世界其他各地巨量页岩气的发现重挫了其价格。在美国，为进口天然气准备的基础设施不得不转而用于出口，结果价格下降，与2008年时的顶峰相比，美国的天然气目前依然处于较低的价位。

总而言之，我们在所有大宗商品上正在经历超级周期的证据并不具有压倒性，过去10年的需求压力与供给的缓慢响应相结合很可能将关键商品的价格推高到一个新的台阶。由于供给调整的加速和极端地区开采的困难，大宗商品价格的变化将服从于不同的长期动力。大宗商品价格普遍持久增长的状况相对于经济理论和历史课程的描述似乎显得有些怪异。

1.5　SWFs作为所得税制度的一种替代：如果挪威变得像沙特阿拉伯会怎样？

在1.3节，我们讨论了自然资源的开采可以采用多种不同的方式，抽象地说，我们并不能判定一种行为路径是否优于另一种，它最终是一个政治决策或集体选择问题。

挪威或沙特阿拉伯（或阿拉伯海湾的其他国家）提供了两个截然不同的实例。当北海油田被发现时，挪威已经是世界上最发达和最繁荣的经济体之一。几个世纪中它一直拥有一个伴有闻名于世的福利体系和稳定制度的现代税收体系。

当天然财富积累起来时，在没有基本的可选择生活方式和经济结构之虞时，它会决定将其中的大部分储蓄起来（除了能源开发部门的发展外）。将大部分财富转移给未来一代。挪威政府最终组建的FWF，近期转换成了养老基金，而无需受益方定期付出。

相反，阿拉伯沙漠地下石油的发现恰好处于受大英帝国影响的时代，这里只拥有难以维持生计的少量（游牧为主）人口。放牧骆驼或山羊、捕鱼、种植椰枣和从事珍珠贸易是最为常见的经济活动。

沙特阿拉伯与其他阿拉伯海湾国家的石油财富被用于提升国民的生活水平。尤其是在1973年第一次石油冲击之后突然出现的财源，注定要更多地用于改善基础设施、住房建设，扩大公共雇员队伍。

沙特阿拉伯和其他海湾国家目前不会有所得税制度，因此，石油收入将支撑所有的政府功能，用于公民的几种福利计划。近年来，受益于碳氢化合物大幅涨价，所有的海湾国家都在着手于经济多样化计划，为石油资源耗尽做准备。迪拜酋长国一马当先，在实现这一战略中最富有进取性。

挪威变成沙特阿拉伯和卡塔尔是有意义的吗？当然，考虑到世界经济中的危险状况和欧元崩溃等灾难性活动的风险。我们可以讨论将可观的石油收益投资于金融资产是否一定是一个明智的选择。进一步看，主权债务正在急速增长至临界点，它对政府太有诱惑力，以至于到了不能进一步扩大的境地。为保护长期财富而积累固定收益证券是聪明的选择吗？同样，2008—2009年的金融危机显示，股权价值会一直提升的信念正在改变，股票实质价格的下降和停滞以及银行的大批破产正在成为一个普遍现象。

实际上，如果我们能够拿到1929年以来80年的数据，我们就能观察到，美国3/8的股票收益为零或为负值。如果虑及这是一个主宰了20世纪经济的国家所达到的记录，这其实不是一个利好消息。

因此，为未来一代提供养老金，将金融资产投资于人力资本和研究之中是一个具有吸引力的选择，这是一个存在争议的问题。资助科研、使地广人稀的北方生活变得更美好、通过风险资本刺激高附加值部门的发展、从国外大规模吸引才俊和劳动力（比如海湾国家在 10 年的时间人口已成倍增长），对于挪威政府而言更有意义。可以证明，与指望丰富的金融收益相比，扩大人口数量和人力资本是一个更为成功的长期战略。

怀疑者可以回顾一下日本 20 世纪 80 年代的状况，它在金融与房地产上积累了大量盈余：不能牵强地断言，通过允许移民壮大经济而不是购买大块加州的土地和高价购买洛克菲勒中心就是更为明智的选择。

在瑞士，这些问题的争论来自于创立 SWF 的建议，现实的情况是，这个国家正在经历因担心欧元区解散引发的海量外国资本的流入，那些反对这些正确（以我们的观点）提议的人认为，对于像瑞士这样的国家而言，降低税收、扩大研究支出而不是投资于海外更为可取。自相矛盾的是，当外国投资者因瑞士是安全天堂将储蓄投入瑞士时，瑞士政府却将拿到的这些钱投资于海外。

我们的结论是，幸运地拥有大量原材料禀赋的发达国家是通过扩充它们的经济潜能、激励对内投资或从外部吸引人力资本而不是恶化经常账户的失衡变得更加富有。

第2章 SWFs的规模与增长

自从SWFs变成国际政治中争论的一个问题后，对于它们的规模与增长的估计变成了一个猜测颇多的问题。新术语"新权贵经济人"被用于描述由政府及其直接或间接管理的资产的惊人增加及其对全球经济的潜在含义（麦肯锡全球研究院，2007）。当一些估计基于对过去非现实的推断时，它们被证明夸大其词。

总体上说，当一个人试图估算SWFs的规模与增长时会面对诸多的问题。首先，尽管近来其操作的透明度和信心的透明度不断提高，但是仍有一些SWFs不会报告它们管理的资产规模总量及投资构成。因此，只有确定的SWFs估算是可行的，当然这些估算都会具有较大的不确定性。由于对一些SWFs的重要投资组合业绩与构成缺乏具体信息，给预测资产将来的增长制造了困难。其次，对SWFs没有一致的定义，这取决于它被归入哪一类基金，其结果存在着相当大的差异。例如，皮特森研究所（Peterson Institute）出版了对SWFs的深度研究报告，从SWFs的定义讲，也包括一些养老金，如加利福尼亚公共雇员退休体制（Truman，2010）。最后但并非最不重要，对SWFs未来增长的任何估算在很大程度上取决于一国不断变化的一系列关键经济与金融变量：经常账户及其收支平衡表余额、商品价格、外汇（FX）储备和汇率。在2008年衰退以前的若干年，关于SWFs产生影响的政治论争逐步激化，对SWFs未来增长的各种不同估算随之产生。例如，2007年5月，摩根士丹利估计SWFs控制的资产到2014年将超过10万亿美元。[①]这些估计所基于的假设是新兴市场的经常账户盈余——如下我们将要简短讨论的，外汇储备与SWFs资产增长的关键驱动力——将会在相当长的时期内维持在相当高的水平上。

作为全球衰退的结果，根据来自IMF的数据，设立SWFs的新兴市场国家的经常账户盈余由2008年的10 710亿美元跌落至2009年的5 460亿美元，这反映了国际贸易量的下滑和大宗商品价格的跌落。2008年因为金融危机对SWFs管理资产的规模、市场价值有严重影响，资产价格迅速调整，导致了其管理资产的总体规模急速回落。经常账户余额的预测也经常修正。例如，基于2011年4月IMF在《世界经济展望》（WEO）中预测，2011—2015年设立SWFs国家的累积经常账户盈余总量超过5万亿美元。2011年9月，IMF在《世界经济展望》作相同预测显示，估算结果是1.6万亿美元，比4月份预测下调了2/3。

本章我们基于一系列对一些关键增长驱动力的假设，提供了对SWFs资产未来增长潜力的估算，本章后的附录包含了数据来源与所用方法的详细信息。

2.1　SWFs的规模与群簇

本书中我们使用的是SWFs国际工作组（International Working Group）采用的SWFs的定义，这个集团建于2008年4月30日，其职能主要是确认和拟定适当反映投资活动和目标的一系列准则（IMF，2008a），我们相信这个定义，它是SWFs积极贡献的最终体现，很好地反映了

---

① Stephen Jen, Morgan Stanley, Global Economic Forum, How Big Could Sovereign Wealth Funds Be by 2015 ?

SWFs的本质。国际工作组将SWFs定义为"一种特殊目的的投资基金或一般政府拥有的一种安排（包括中央及地方政府），它是由一般政府为达到宏观经济目的所创立的、由SWFs所掌管、经营以及管理的利用一系列投资战略实现金融目标的资产，包括在国外金融资产的投资。SWFs的创立一般源于收支盈余、官方外币的经营、私有化进程、财政盈余和（或）大宗商品出口的收入"。根据这一定义，"SWFs是一个异质群体，它由财政平准基金、储蓄基金、储备投资公司、发展基金或投资控股公司、没有过多养老负债的应急养老储备基金组成。"（表2-1）

表2-1　　　　　　　　　主权财富基金的分类

平准基金	独立预算/经济	智利、哈萨克斯坦、阿塞拜疆、阿尔及利亚、委内瑞拉
储蓄基金	代际转移	科威特、卡塔尔、美国、阿拉斯加、阿联酋
储备投资公司	储备部分、增加收益	韩国、中国
发展基金/投资控股公司	社会经济目标	马来西亚、阿联酋、新加坡
应急养老储备基金	非专项资金援助、政府应急养老负债	澳大利亚、新西兰

Source：International Working Group on Sovereign Wealth Funds.

这个定义强调SWFs的三个关键特征：

（1）SWFs的所有权一定直接或间接控制于国家手中；

（2）投资的全部或一部分以外国证券的方式出现；

（3）缺少预先定义的债务。

同时，相对于它们所追逐的基金来源和政策目标，国际工作组（IWG）的定义是极其宽泛的。反映了国与国之间乃至国内SWFs的异质性。例如，在阿联酋，有好几只SWFs，每一只都拥有不同的权限和投资目标。阿布扎比投资局（ADIA）最为关注超额储备向外国市场的投资。

同样，来自于阿布扎比的穆巴达拉（Mubadala）开发公司，也由外汇储备提供资金，但是除了炼油，从事更加多样化的经营。迪拜投资公司是迪拜政府控制的一种特殊投资工具，负责管理与酋长国经济有关的各项活动。中国投资公司投资于国内外资产。SWFs的多种政策目标、结构与投资方式是政治和经济争论中忽视的方面。当前SWFs规模的主要数据来源——主权财富基金研究院（SWFI）的数据显示，2011年末由SWFs管理的资产总量达到大约4.7万亿美元。其中2.6万亿归属于基于大宗商品的SWFs，2.1万亿美元归属于基于非大宗商品的SWFs（SWFs详尽的列表见附录）。尽管好多SWFs——根据SWFI的数据约55只——的资产规模非常集中：最大的11只SWFs资产规模超出了1 000亿美元，占比超过总规模的80%。（表2-2）

基于商品经营的SWFs管理的2.6万亿美元，其资产集中于阿联酋、挪威、沙特阿拉伯、科威特与俄罗斯。在阿联酋有7只SWFs；挪威有世界上排名第三的SWF，就是全球政府养老基金（GPFG），其资产价值约为5 400亿美元。在大型的大宗商品出口国中，沙特阿拉伯的情形是独一无二的，因为它没有独立的主权基金，沙特阿拉伯的货币管理局（SAMA），其中央银行，实际负责管理外汇储备和累积的财富。[1]俄罗斯是最后建立SWF的石油出口国，俄罗斯的平准基金——始创于2003年——在2008年重新构建，将其拆分为两个不同的基金：储备基金与平准基金，主要目的是缓冲油价和国家财富基金遭受重创时的财政预算，弥补

---

[1] 除了SAMA管理的基金，SWFI也包括了沙特公共投资基金(PIF)，始建于1971年，用于促进沙特阿拉伯经济的发展。2008年后，允许投资于外国公司。2009年，沙特阿拉伯宣布，建立新的名为Sanabil al-Saudia的SWF。但是，由于缺乏这个新基金的充分信息，SWFI未将这个新基金纳入SWFs名单中。

国家养老金体制的未来赤字。①所有其他基于石油商品的SWFs管理下的资产不足1 000亿美元，如表2-2的描述。

表2-2	前20名最大的SWFs	单位：10亿美元
基金名称	国家/地区	资产管理规模
1.阿布扎比投资局	阿联酋	627.0
2.国家外汇管理局投资公司	中国	567.9
3.全球政府养老基金	挪威	560.0
4.沙特阿拉伯货币局对外控股	沙特阿拉伯	472.5
5.中国投资公司	中国	409.6
6.科威特投资局	科威特	296.0
7.中国香港特别行政区货币局投资组合	中国香港	293.3
8.新加坡政府投资公司	新加坡	247.5
9.淡马锡控股	新加坡	157.2
10.国家社会保障基金	中国	134.5
11.国家福利基金①	俄罗斯	113.9
12.卡塔尔投资局	卡塔尔	85.0
13.澳大利亚未来基金	澳大利亚	73.0
14.迪拜投资公司	阿联酋	70.0
15.利比亚投资局	利比亚	65.0
16.国际石油投资公司	阿联酋	58.0
17.收益调节基金	阿尔及利亚	56.7
18.阿拉斯加永久基金	美国	40.3
19.哈萨克斯坦国家基金	哈萨克斯坦	38.6
20.韩国投资公司	韩国	37.0
基于大宗商品的SWF		2 651.0
基于非大宗商品的SWF		2 104.0
SWF总计		4 755.0

①包括石油平准基金。

Source：See Appendix.

———————————

① 在表2-2中，两只俄罗斯基金被当作一个单独SWF。

在基于非大宗商品的SWFs中，中国内地和中国香港及新加坡占有总资产的近90%，新加坡拥有两只基金：成立于1974年的淡马锡，在几个国内和国外的公司中占有股权的控股公司。另一个是新加坡政府投资公司，其资产全部投资于国外。这两只基金管理的资产总量超过了4 000亿美元，鉴于它们的长期历史和轨迹记录，当其他国家考虑建立新基金时，这两个SWFs经常被当作典范。

中国香港特别行政区货币局（HKMA）是通过将两个业已存在的实体合并而成立的银行，管理着所谓的交易基金，这个基金服务于两个主要目标：持有美元主导的资产支持香港特别行政区货币委员会，将其余流动性投资于全球市场，后面的部分命名为投资组合，一般称为香港特别行政区的SWF。至于中国内地，SWFI列举出四种SWF，它们管理的所有资产总额估计超出11 000亿美元。最大的SWF附属于国家外汇管理局（SAFE），这个机构负责管理中国在世界上最大的外汇储备。国家外汇管理局在香港特别行政区有一个分支机构——SAFE投资公司，被认为是SWF。中国第二大SWF是成立于2007年的中国投资公司。尽管其历史相对较短，其资产管理规模却超过4 000亿美元，正像我们后面将要看到的一样，中投公司快速崛起为世界上最具有活力的SWFs。其在外国公司的数十亿投资经常成为新闻热点，但它有时被忘记，其基金的最大部分实际上投资于国内，大多数通过汇金投资全资附属机构投资于银行。中国政府近期宣布，它们将进一步剥离中国中投公司的国内与国际资产。国家社会保障基金（NSSF）是中国第三大SWF，它建立于2000年，但只是近期才开始将其部分资产国际化。

当一些拥有悠久历史的SWFs在全球市场操作了几十年时，SWFI列举的大部分基金都只是成立于2000至2010年之间，如我们后面将要讨论的一样，它反映了飙升的大宗商品价格与大量的经常账户盈余。当几个国家正在筹划建立SWF或正在考虑这种选择时，它们的数量会持续上升。

在亚洲，巴布亚新几内亚①已经为新平准和发展基金完成了立法框架，其主要目标是将经济与石油价格的波动隔离开来（这个新建的SWF已经被SWFI列入名单；附录中表2-A-2）。蒙古已然从增长的矿产收益中获益，也处于设立平准基金的进程中。澳门作为中国的一个特别行政区拥有蓬勃发展的博彩业，每年游客对博彩业的造访数量已经超越了拉斯维加斯，近期建立了可以授权全球投资的储备基金。在拥有大量外汇储备的其他亚洲国家——包括泰国、菲律宾、印度和日本——正就设立SWF的利弊进行政治讨论，将来可能会有所行动。在澳大利亚，澳大利亚未来基金由预算收入资助，政界与学术界正在就基于日益增长的大宗商品收入的其他基金是否应该成立进行着积极的讨论。在中国，媒体报道②，央行正计划创造一种新的SWF去管理价值为3 000亿美元的外汇储备。这个新的SWF将隶属于中国国家外汇管理局，包括两只基金：华欧（中国–欧洲），其投资目标是欧洲；华美（中国–美国），其投资目标是美国。这两只基金类似于既存的外汇管理局投资公司，它们将专门致力于股权收购。

SWFs数量日益增长的其他地区是非洲与中东，随着海法（Haifa）以西约130公里处两座大型沿海天然气田的发现，以色列正在考虑建立SWF。据估计，到2020年天然气出口将会使本已较高的贸易盈余提升1/3（Milken Institute，2011）。以色列央行管理的外汇储备已经超过700亿美元，新基金的投资将致力于宏观经济的稳定和长期储蓄。在撒哈拉以南的非洲，尼日利亚是第一个成立SWF（2004年设立的石油溢价收益基金账户）的非洲国家；随着全球经济危机的到来，这些基金中的大多数已退出市场，尼日利亚政府近期创办了一只新主权基金，名为尼日利亚主权投资局。加纳也已经通过立法，准备设立SWF，并已经开始操作。安哥拉和

---

① 巴布亚新几内亚实际上属于大洋洲——编辑注。

② China Central Bank to Creat US$300 billion FX Investment Vehiecle, Thomson Reuters, 9 December 2011.

其他大宗商品出口国如纳米比亚、莫桑比克、乌干达与坦桑尼亚都处于这一进程中，或正在考虑建立独立的国家控制的投资机构。

总的来说，有证据表明，接下来的10年将会建立近30家新机构，并且这一趋势有望延续下去。

与其他机构资产管理者相比，SWFs到底有多大？我们使用麦肯锡提供的其他机构资产管理规模的估计方法，SWFs的资产大于对冲基金（2.8万亿美元）和私人股权基金（9 000亿美元），但是它们远小于3家最大的机构资产管理部门：保险基金（其管理下的资产约为19.2万亿美元）、共同基金（25.9万亿美元）和养老基金（23.3万亿美元）。当把SWF资产与这些国家央行所持有的外汇储备（6万亿美元）放在一起考虑时，这一状况会有所改变：政府控制的主权财富的总量将提升至超出10万亿美元的规模，5倍于对冲基金管理的基金规模，但是依然小于保险基金、养老基金和投资基金。①

2.2　SWFs资产增长的驱动力

拥有SWFs的多数国家普遍共性是它们同世界上其他国家存在贸易顺差。要么反映了大宗商品出口国的大量石油出口收入，要么反映了亚洲出口导向型经济中制造业商品的出口收入（越南属于一种混合模式），②附录中涉及拥有SWFs的35个国家，在2000—2010年，只有8个存在经常性账

---

① 不过可能会有人提出：外汇储备与SWF资产集中度更高，当有超大型养老金(如加利福尼亚公共雇员退休体制,CalPERS,管理着超出2 000多亿美元资产)和一些保险公司控制的超大规模资产(如苏黎世金融服务,一家保险公司,管理着1 200亿美元资产)存在时,事实确实如此。投资和养老基金管理的绝大多数资产由遍布几个国家的数以千计的不同的独立实体控制着。

② 由于存在正的资本净流入,外汇储备也会增长,这个因素并非与大宗商品出口国具有特殊的相关性,但是,在过去几年对于亚洲出口国十分重要,除了飙升的经常账户盈余外,它们还有金融市场的资本流入。

户赤字：3个发达经济体（澳大利亚、新西兰与爱尔兰），5个新兴市场经济体（巴西、墨西哥、哈萨克斯坦、毛里塔尼亚与越南）。除这8个国家以外，拥有SWFs的其他国家所有经常账户盈余由1990—2000年的年均510亿美元增加至2000—2010年的年均5 000多亿美元（表2-3）。在最高年份的2008年，超过了1.1万亿美元。大致相当于大宗商品出口国与非大宗商品出口国分别所达到的份额。

表2-3　　　　　　　拥有SWFs的大宗商品出口国家与非大宗
商品出口国家经常账户盈余　　　　单位：10亿美元

	1990年	2000年	2010年	1990—2000年平均数	2000—2010年平均数
经常账户盈余					
大宗商品	28	166	367	23	293
非大宗商品	17	61	425	28	250
大宗与非大宗商品	45	227	792	51	543
经常账户盈余（%GDP）					
大宗商品	5.2	14.1	8.8	1.8	11.3
非大宗商品	1.9	2.8	5.5	1.7	5.2
大宗与非大宗商品	2.8	6.7	6.6	1.7	7.5

Source：See Appendix.

与我们反复强调的一样，飙升的经常性账户盈余转化成日益增加的外汇储备（表2-4）。对于大宗商品出口国来说，日益增长的外汇储备与始于2000年初的能源价格的膨胀紧密相关。此后，这些国家的经常账户盈余在支出增长方面小于出口，结果经常账户盈余节节攀升，引发了金融财富的迅速累积。在20世纪90年代，外汇储备与GDP比率平均为12%；2000年这个比率开始上升，并且不间断持续上升了10年时间，最后稳定在40%多的水平上。结果在10年里，大宗商品出口国持有的外汇储备总量从大约660亿美元攀升至14 400亿美元，年综合增长率相当于20%以上。沙特阿拉伯与俄罗斯两国占有了最大份额：到2010年末占到了总量的60%。

非大宗商品出口国外汇储备的增长率一直引人注目：从2000年的约5 000亿美元增长到2010年的40 000亿美元，也相当于年综合增长率超过20%（表2-4）。中国储备的增长率，到2011年超过了3万亿美元，在10年间增长率超过了30%。

表2-4　　　　　　　大宗商品与非大宗商品出口国的外汇储备　　　　单位：10亿美元

	1990	2000	2010	1990—2000 平均数	2000—2010 平均数
外汇储备					
大宗商品	66	170	1 441	23	293
非大宗商品	112	485	3 759	28	250
大宗与非大宗商品	178	656	5 199	51	543
外汇储备（%GDP）					
大宗商品	12.1	14.4	34.5	11.2	25.3
非大宗商品	12.9	22.2	48.3	17.0	35.3
大宗与非大宗商品	11.2	19.5	43.5	14.4	31.6

Source：See Appendix.

配置于政府证券的外汇储备经常投资于成熟期短的债券以使资本损失最小化。总体上说，流动性与收益性之间的权衡是任何私人与机构投资者所要面对的问题。央行对流动性有更大偏好，因此，外汇储备传统上会带来更小的收益。为中央银行（http：//treasury.worldbank.org/sip/htm/index.html）提供金融服务的世界银行指出：这种政策的机会成本很容易就能达到 GDP 的 1%。

使外汇储备变成更有利的投资的多样化行为不一定通过建立独立的投资机构（比如 SWF）来实现，当评估认为超出了货币或谨慎动机所需要的外汇储备水平时，央行与财政部可以采用更为灵活的形式，在危机前，当几家央行放松了它们的谨慎标准、投资于低流动性高收益的资产时，这个趋势已经初露端倪。由于金融危机，这种苗头暂时受到遏制。当金融危机的影响渐渐消退，资产价格回升时，这一趋向又重新出现（见 Park，2011）。作为一种选择，央行可将其资产分成不同部分，每一部分都对应不同的政策目标。例如，一种政策倾向针对为央行提供其外汇储备的日常操作所必需的运营资本；流动性方向能够强化资产的低波动性和高流动性；投资方向的目标是长期收益最大化。或最后，它选择建立 SWF，拥有清晰的授权将其国民财富的一部分以长期投资形式投资于低流动性和高风险的资产（Saidi and Scacciavillani，2011）。[①]

根据这一原理，SWFs 的增长与外汇储备的增长密切相关，有些国家的外汇储备已经超出了货币政策或预防动机所要求的水平。

2.3　外汇储备的最优水平

对 SWFs 潜在增长的任何估计都应该建立在预计未来外汇储备增长的基础上，与累积资产的所得收益一起计算，它们代表着其他基金的主要来

[①]　每一种选择都有其利弊，一个机构或单个资产组合内的储备管理有利于许可整合投资政策，能够实现低操作成本与低流动性。但是，在受损的情形下，它也使中央银行的信誉风险增大，并且导致总体组合中各个部分管理资产的利息冲突。将资产组合划分为不同的方向提高了成本，降低了储备的平均流动性，但从多样化中获取了更多的收入。最后，SWF 的建立进一步推高了操作成本、降低了流动性，但降低了央行的信誉风险，允许获取更多的多样化所得。

源。这的确是附录中估计2011—2016年期间SWFs资产增长采用的一种方法。

因此，关键的问题是什么水平的外汇储备对于政策与流动性目的而言是充足的？这方面的学术争论可以追溯到20世纪60年代和70年代（对此的评论见Flood and Marion，2002）。出现了两种方法：描述性方法与最优水平方法。描述法针对央行对外国际储备的需求，与个人的货币需求决策类似。央行持有外国资产有三种动机：

（1）交易动机，如作为外汇交易的支付手段；

（2）预防动机，如缓冲未预见活动的出现，像战争或国际资本流动的突然滑落；

（3）投机动机，如与国内相比的外国资产的收益。

因而，在描述性的方法中，储备的充足性经常按照其与其他经济变量的比例被表达出来，例如：

- 物品与劳务进口的月数；
- 迅速到期的短期债务；
- GDP或货币供给的任何其他标准（measure）；
- 以上所有因素的结合。

外汇储备充足率的这些指标或强调用于交易目的的外汇储备（与货币基础或GDP之间的比率），或强调预防性动机的外汇储备（与进口商品月数之间的比率或与短期或者总量外债之间的比率），但是它们都忽视了投机动机，因为它们没有考虑持有储备的机会成本。

这些描述性指标的问题是这些比率中没有一个独立于这些国家的经济、金融与制度环境的绝对条件下的最优比率水平。[①]最为出名的描述外

---

① 根据描述性方法,储备充足率的一个关键变量是所考察国家发生金融危机的可能性,这种概率与所考察国家的经济发展水平呈负相关关系,这就是为什么在新兴市场具有较高比率时多数发达经济体具有相对较低的储备与GDP之比。当外国资本突然流出的潜在影响变大时,对全球资本市场较高的整合程度也需要较高的储备。

汇储备充足率的"大拇指规则"是奎多蒂-格林斯潘规则（Guidotti-Greenspan rule），[①]它假设具有100%杠杆率的短期外债使一个国家在面对外部危机时具有更少的脆弱性。

根据可选择的最优化方法，最优化水平的估计是由最大化一定约束条件下的政府目标函数实现的，例如珍妮和朗西埃（Jeanne and Ranciere，2006）总结道：拥有中等平均收入水平的经济体且可能发生资本流动突然停顿的国家，其最优储备水平大约是GDP的8%。这是一个低于所观察到的大多数新兴市场的健康水平，十分接近根据奎多蒂-格林斯潘规则确定的水平。在多数新兴市场国家官方储备的增长——特别是在亚洲——在2000—2010年被认为有过度倾向。

从总体上讲，关于最优水平的学术和实证讨论还没有达成最终的一致，因为在实践层面上，储备的积累并不仅仅是一个基于成本与收益精确估计的简单最优化过程，[②]而是单个国家在财政、货币和汇率政策决策中的副产品。除了预防性与自我保障动机，一些国家在其币值低估的过程中积累了外汇储备，依据其所实施的政策，我们将其定义为"重商主义"。如果这个国家准许其货币升值，其经常账户盈余一定会减少。储备的快速增长一定会停止或反转。在20世纪90年代中期亚洲金融危机之后外汇储备的迅速囤积中，要清楚地区分自我保障与重商主义政策在其中的相对重要性是十分困难的。一个值得关注的现象是20世纪90年代后半期亚洲危机与俄罗斯危机以后的时期，抵御货币贬值的储备使用十分罕见。更为常见的是阻止国内货币升值的干预。除了阿根廷货币局的消亡外（这只是情形之一），只有相关大国的少数场景还留在人们的记忆中，多数仍深陷2008年大衰退中或表现为大衰退引发的

---

① 这个规则以帕布罗·奎多蒂——阿根廷前财政部长和阿兰·格林斯潘——美联储前主席的名字命名，1999年在国际峰会上第一次提出。

② 一些国家实现了对外汇储备充足程度的精确分析，如智利（Jadresic，2007）。智利储备最优化的运用主要由其央行在2001—2003年实施。

崩溃。最近，一个可选择的贬值案例是欧元，欧元区的债务危机对全球市场产生了一些负面影响，如果不进行干预，其消极后果就会如影随形地出现。例如，2002年欧洲央行（ECB）、美联储和日本银行扶植欧元的行为。在日本海啸后，为抵消日元的升值，类似活动正在萌动中。这些干预经常通过央行之间的货币互换协议来实施，而不是在市场上直接购买外汇。

因此，我们并非过于牵强地宣称，随着市场的演化以及许多大型新兴市场国家时代的到来，最优外汇储备水平过低。最终，央行积聚储备的愿望超越了参数，比如奎多蒂-格林斯潘规则，可以在"马克鲁普夫人规则"（Mrs Machlup rule）中发现它的雏形，这个概念由奥地利出生的经济学家弗里茨·马克鲁普于1966年发展而来。根据这个规则，央行管理者对国际储备的需要可以比作"女人对衣服的需要"，也就是比去年多一点点的简单需要。根据这一机智的比较，可以了解，央行总是将目标定在储备的增加上，储备水平的任何下降都是消极的。

2.4 外汇储备的未来增长：大宗商品与非大宗商品出口国

无论最近建立的储备是暂时对全球宏观经济失衡和能源价格高企的反应，还是源自于其他有待于进一步讨论的原因，2008—2009年全球危机延缓了新兴市场国家外汇储备的累积，很显然，这是2008年夏季商品价格下跌以及随后国际贸易严重下挫的结果。不过，这种下滑似乎只是暂时的，在2010年和2011年，多数新兴市场国家的外汇储备又重新开始增长，有些甚至超越了危机前的高峰时期（如巴西和韩国）。外汇储备将会持续增加吗？

根据国际货币基金组织（IMF）在其《世界经济展望》（WEO）（2011年9月，详见附录）的预测，大多数建立SWFs的国家在2011—2016

年间将继续保有较高的和持久的经常账户余额，在这一时期，其累积性的经常账户余额接近7万亿美元，高出前6年2万亿美元（2005—2010年）。新增的2万亿美元的余额几乎全部归属中国，2012年其经常账户余额有望超过危机前达到的最高峰值。在大宗商品出口国，对外贸易余额有望保持正数，此后几年将会逐步下降，离开2011—2016年的水平，回归前5年的（表2-5）的水平。因此，从总体上说，拥有SWFs的大多数经济体的经常账户盈余在未来几年将继续在高位运行，除非新的衰退冲击了全球经济。能源价格从现有水平上大幅下降，或者宏观经济不平衡在西方世界与新兴市场之间通过政治协议的方式表现出来。

表2-5　　　　　　2011—2016年商品和非商品出口国

累积性经常账户盈余　　　　　　　单位：10亿美元

	2011	2012	2013	2014	2015	2016	2011—2016年累积
商品出口国	578	489	439	391	383	350	2 629
非商品出口国	476	550	654	758	869	978	4 283
总计	1 053	1 038	1 092	1 149	1 251	1 328	6 913

Source:See Appendix.

持久的经常账户盈余能否像2000—2010年所经历的那样同步转化成外汇储备的增长？我们相信未来新兴市场上外汇储备相对于GDP水平的大幅增加是不可能发生的。首先，就像上一部分讨论的一样，这里所考察的大多数国家所达到的外汇储备的水平超过了预防动机与自我保障动机所要求的适当水平。这由最近一次危机——战后最严重的衰退——的事实给予了间接证明，新兴市场所经历过的储备损失的中位数是储备峰值的27%

（Prasad，2011）。其次，投资于发达经济体政府债券永久增值的储备股票相关的成本与风险在后金融危机时代大幅增加。在 2008 年危机之前，在多数发达国家出现历史低利息水平的情况下，央行就已经存在着投资多元化的压力，在接下来的危机中，不仅这些资产的收益会进一步下降，而且，美国、欧洲和日本等国与公共财政的可持续性相关的风险会进一步提升。最后，当它们将增长模型中的动力重新定位为国内消费时，大多数亚洲国家最有可能的趋势是货币重新估值；这将使持有大量投资于发达国家货币的储备成本变得更高。于是，我们的关键假设是外汇储备的绝对水平将会继续增长，但相对于 GDP 而言，在票面价值上达到了 2010 年年末的水平。在表 2-A-6 中，我们列举了对拥有 SWFs 国家（有经常性账户盈余）2016 年外汇储备的估计，清楚界定了大宗商品出口国与非大宗商品出口国。[①]

就绝对量而言，外汇储备将从 2010 年的约 52 000 亿美元增长到 2016 年的超出 87 000 亿美元，在这个时期相当于增长了 3 500 亿美元（表 2-6）。相对于 GDP 而言，它将保持在 2005—2010 年平均不变的水平上，相当于 9% 左右的综合年增长率，与预测的 2010—2016 年名义年增长率保持一致，这个增长率不足 2000—2010 年曾经出现的年增长率的一半。非大宗商品出口国，中国占了很大一个比例，将增加 26 000 亿美元的储备，余额占总量的 2/3。大宗商品出口国将增加接近 9 000 亿美元。

---

① 为了简化我们的分析,也考虑到我们对未来外汇储备水平的预测对于最终目标仅仅是工具性的。例如,预测 SWFs 资产的未来增长,我们不会考虑累积储备获得的收益。考虑到当前利息水平处于固定收益曲线的最短一端以及央行通常不会关心其储备获益的事实,这个假设似乎是合理的。但是对于最大外汇储备的持有者来说,即使累积储备微不足道的收益也是一笔可观的数额。例如,中国当前储备收益的 1% 将意味着 300 亿美元的所得。

表2-6			2010—2016年外汇储备及其累积额					单位：10亿美元	
	2010	2011	2012	2013	2014	2015	2016	2010—2016年变化	2010—2016年CAGR[①](%)
大宗商品出口国	1 441	1 649	1 763	1 897	2 030	2 174	2 331	891	8.4
其中：									
俄罗斯	444	558	627	694	761	832	914	471	12.8
沙特阿拉伯	445	460	477	509	540	571	605	160	5.3
非大宗商品出口国	3 759	3 931	4 333	4 773	5 254	5 780	6 366	2 607	9.2
其中：									
中国	2 866	3 027	3 354	3 729	4 141	4 594	5 102	2 236	9.9
大宗商品与非大宗商品出口国	5 199	5 580	6 097	6 670	7 284	7 954	8 697	3 498	8.9

Source：See Appendix.[①]

2.5 2016年SWFs的规模

在预测了官方外汇储备的增长之后，SWFs管理的资产增长由三个因素决定：累积财富的收益、相关国家采用的财政政策框架和从经常账户盈余中转化而来的基金。考虑到第一个因素，我们将关注三个不同的回报方案：

---

① CAGR是指复合年均增长率——译者注。

（1）保守方案，在2011—2016年3%的年均回报率。

（2）基准方案，年均6%的回报率。

（3）激进方案，年均9%的回报率。

基准方案反映了在过去几十年从平衡资产组合（60%的固定收入与40%的股权）取得的平均回报，与过去SWFs历史上的平均长期回报极为相近（更多讨论见第3章）。

假设财政政策与当前基本保持一致，换句话说，依赖于大宗商品出口收入的国家与结构性盈余的国家用于公共支出的部分总是占GDP一个固定不变的比例。

推动SWFs资产增长的第三个因素，额外基金的流入，我们简单假设国家经常账户盈余未纳入外汇储备的部分全部转移到SWFs。[①]

对大宗商品出口国与非大宗商品出口国SWFs资产预测总体结果如表2-7所示。对于大宗商品基金，在可能的方案（保守与激进的方案中分别是47 420亿美元与59 770亿美元）中，SWFs资产从2011年的26 510亿美元增加到2016年的54 510亿美元。这种增长对应着12.3%到17.7%的年均增长率，这取决于所考虑的增长率方案。

对于非大宗商品类基金，SWFs的资产在基准方案中从2011年的21 040亿美元迅速增加至2016年的43 780亿美元（在保守与激进的方案中分别为39 350亿美元和48 550亿美元）。这一数字对应的年综合增长率介于13.3%~18.2%之间。总而言之，到2016年，按照基准方案预测的SWFs的资产可达86 570亿美元，几乎两倍于SWFI于2011年末所估算的水平。

---

① 拥有SWFs的大多数国家，将会在2010—2016年继续拥有经常账户盈余。拥有明显经常账户赤字的国家（9个国家，包括加拿大、澳大利亚、巴西、墨西哥、印度尼西亚、新西兰、越南、东帝汶和毛里塔尼亚），它们各自SWFs的资产管理规模被假定为其增长的平均速率，包含了我们的4个预测。头脑里有这种观念特别重要，即存在经常账户赤字国家的SWFs的资产管理规模只相当于全球SWFs资产管理规模总量的15%。采用的方法详见附录。

表 2-7			2011—2016年 SWFs 的增长			单位：10亿美元		
	2011	2012	2013	2014	2015	2016	2011—2016年 CAGR（%）
保守方案：资产收益率3%							
大宗商品总量	2 651	3 128	3 558	3 958	4 357	4 742	12.3
非大宗商品总量	2 104	2 286	2 586	2 961	3 415	3 935	13.3
SWF总量	4 755	5 414	6 144	6 919	7 772	8 677	12.8
可能方案：资产收益率6%							
大宗商品总量	2 651	3 223	3 770	4 311	4 875	5 451	15.5
非大宗商品总量	2 104	2 347	2 719	3 179	3 736	4 378	15.8
SWF总量	4 755	5 570	6 489	7 490	8 611	9 829	15.6
激进方案：资产收益率9%							
大宗商品总量	2 651	3 287	3 918	4 562	5 251	5 977	17.7
非大宗商品总量	2 104	2 408	2 854	3 404	4 074	4 855	18.2
SWF总量	4 755	5 696	6 771	7 966	9 325	10 832	17.9

Source：See Appendix.

根据这些预测，可以进行一系列观察。第一项观察，虽然累积资产的收益会产生一定影响，如敏感度分析的结果所示，但SWFs资产未来增长的最重要的驱动力是额外基金的流入，这当然是扩大经常账户盈余的反映。对中国和其他的亚洲出口国来说，如美国与其他西方国家经常倡导的那样，当它们的经常账户盈余在这样的方案（除了决定大量投资于美元主导的资产外汇储备的损失之外）下明显缩水时，它们货币的强有力升值将会极大改变我们的预测。对于石油出口国，商品价格的下降或国内支出的大幅增加——例如作为中东与北非地区政治动荡的结果——也将会在未来减少向SWFs流入的基金。

第二项观察涉及以下的事实，根据我们的预测，基于大宗商品与非大宗商品的SWFs持有资产的相对规模在这一时期几乎保持不变。根据以前的核算约占总量的55%左右。不过，这也是因为基于大宗商品的SWFs在基准年份（2011年）被过度估计，因而，在以后的年份将会得益于累积财富的较高回报。在我们的预测中，2011—2016年，基于非大宗商品流入SWFs的基金有望大于基于大宗商品流入SWFs的基金。这在很大程度上反映了国际货币基金组织阻止大宗商品与非大宗商品出口国经常账户盈余的未来方案。两个最大的大宗商品出口国沙特阿拉伯和俄罗斯的经常账户盈余有可能在2011—2016年间逐步减少。当它们通过投资于基础设施和有形资产试图提升增长潜力时，反映了两国日益上升的国内支出。相反，IMF预测，中国的经常账户盈余在2009—2010年由于全球衰退暂停后将会在未来几年内持续增长。

第三项观察关系到在少数国家（地区）SWFs的资产管理规模日益增加的集中度。2016年，由SWFs管理的大约10万亿美元的资产中，约有85%集中于8个国家（地区）：挪威、沙特、阿联酋与中国（它的每只基金将管理超过1万亿美元规模的资产）；科威特、卡塔尔、中国香港特别行政区和新加坡（关于个别国家和地区的具体预测详见附录）。

对未来前景我们可以负责任地说，基于非大宗商品的基金将会逐步超越基于大宗商品的基金。一方面，在一些地方有新的油气被发现与开采，如巴西、伊拉克或以色列；或者在一些地方新的SWFs出笼，如尼日利亚、安哥拉和其他非洲国家，可能有助于改善目前的状况。另一方面，中国经常账户盈余的可持续性取决于对被包含进IMF方案中的全球失衡渐进再调整的预期。但是，这里潜藏着某种程度的风险，一种破坏性的活动如大量的主权拖欠，将在变动中开启并导致一系列活动的突然调整。

附录：2016年SWFs能达到多大规模？

正如我们第2章所讨论的，已经建立SWF和正在考虑建立SWF的国家，一个最普遍的特征是长期的经常账户盈余导致外汇储备的累积。长期的贸易盈余要么来源于出口商品价格的飙升，要么来源于在制成品市场上出口份额的增长转化为持有的外国资产的累积。在国民收入的最终核算中，一国的净国际投资头寸——本质上说是与其他国家相关的国际收支平衡表——在外部资产的增长快于外部负债时会得到改善。在1990—2010年，最为显著的发展是在新兴市场经济体中的资产头寸中外汇储备的优势地位逐步提高。到2010年末，在新兴市场国家，外汇储备的比重超过了外部资产的一半。在中国与印度这样的国家，它们占有外部资产总额的约2/3（Parasad，2011）。除了出于自我保障的目的，外汇储备总体上投资于安全性与流动性较强的资产。最为典型的就是发达经济体的政府债券。外汇储备在1990—2010年经历了惊人的增长，将持有的外汇储备投资于低产出的发达经济体的政府债券的机会成本大幅增加，因而，导致了SWFs的增值。

根据这一原理，任何SWFs增长潜力估计的起始点应该是经常账户余额的预测。我们假定每一国家盈余的一部分或配置于外汇储备或者配置于现存的（或最终新建的）SWFs。关于经常性账户的数据，我们依赖IMF 2011年9月《世界经济展望》的数据库。它是涵盖2010—2016期间能够进行一整套关键宏观经济预测的国家中最为完善的数据体系之一。[1]至于对外汇储备、1990—2010年新兴市场经济趋势的预测，我们假定相对于

---

① 全部《世界经济展望》数据库可在以下地址下载：http://www.imf.org/external/pubs/ft/weo/ 2011/02/weodata/index.aspx.

GDP的外汇储备水平，在2011—2016年大致保持在2010年下半年相同的水平上。然后，通过使用IMF《世界经济展望》提供的GDP预测，我们估计各个国家外汇储备的未来水平。原理如下：外汇储备达到了被认为超出流动和预防动机所需的水平，任何产生于经常账户余额的基金流动都应该被配置于平准和（或）储蓄基金。为了使我们的预测更有说服力，我们也将给出一个结果，这个结果通过国与国之间2010年下半年外汇储备与经常账户余额年度变化的比率计算出来，以此决定外汇储备的未来水平。根据这一可用的方法，我们假定与其仅仅关注外汇储备相对于GDP的目标水平，倒不如使这些国家将事先确定的年度经常账户盈余的份额转换为外汇储备。在大宗商品出口国，这两种方法殊途同归，而在非大宗商品出口国则略有不同，我们相信，在两种不同国家集团之间出现的不同结果是可以理解的，它反映了它们之间储备积累的不同性质，稍后我们会讨论这一问题。

一旦外汇储备的未来水平被确定，未来流向SWFs的基金便是每年经常账户余额的简单余值。简言之，我们假定没有配置于外汇储备的任何经常账户余额都会转换成单独的国家控制的投资工具。这个方法只有在拥有经常账户余额的国家才能自然发生作用（这里所考虑的绝大多数国家拥有SWFs并且代表全球SWFs资产管理规模的95%）。对于拥有经常账户赤字的国家，我们假设SWFs控制的资产将与各国政府提供的基金流入的增长相一致。我们强调，拥有经常账户赤字的国家控制的SWFs资产管理规模相对较小。这里的简化对此处估算的SWFs的未来规模可以忽略不计。

SWFs资产增长的第二个推动力是累积资产的回报[①]。累积资产回报取决于几个因素，有些是外在的（跨类别资产的市场回报），有些是内在的

---

① 累积资产的回报也是外汇储备的驱动力，但是，鉴于外汇储备大部分投资于政府债券以及当前极低的利率水平，我们便可以忽略未来外汇储备水平预测中的这个因素。

（专门基金的市场组合）。当这种练习的目的不是提供单个SWFs未来规模的估算，而是基于对当前宏观经济取向的SWFs全球规模的预测时，我们可以基于三种不同情况对SWFs总资产的年平均收益进行估算，三种不同情况是：基准情景、保守情景和激进情景。

基准情景假定：2011—2016年平均6%的年平均名义收益，并且反映了投资者过去几十年在标准平衡投资组合中所获得的平均收益（60%的固定收入和40%的股权）。保守情形假定，3%年均名义收益率，反映了当前发达经济体中普遍较低的利息率水平以及2010年较低的全球股权收益。基准情形基于9%的年均名义收益率，假定是对长期历史财富的利息率回报和未来几年的股权正收益。[①]

在显示我们估计的结果以前，我们要关注在最终结果的决定中起关键作用的两个关键因素：能源价格与中国的经常账户余额。

关于前者，IMF假定，能源价格（表2-A-1，原油与天然气价格也在此列）在未来几年将继续保持在相对高位上，因此，在这个预测中，IMF似乎也倾向于认定2010—2016年大宗商品部门中超级周期的存在，因此，大宗商品出口国在这个时期将继续出现经常账户盈余的大幅或些许的增加，拥有SWFs（排除加拿大、巴西、墨西哥和澳大利亚这些存在着经常账户赤字的国家）大宗商品出口国的年均经常账户余额预计在4 400亿美元，超出2000—2010年所达到的平均水平（约为3 000亿美元）。大宗商品出口国因而将成为央行或SWFs投资于全球资本市场的主要资本来源。

对于中国的经常账户盈余，IMF预测2009年后由于全球经济衰退，中国的出口将会锐减（届时经常账户盈余将降至大约2 600亿美元左右）。在未来几年经常账户盈余将继续增加。在2008年的预测中，它在2012年

---

① 跨类别资产和不同投资策略历史收益概况见Antti（2011，表2-1，P.25）。

将会超越危机前的峰值，并将在2016年停留在8 520亿美元的水平上。如果IMF的预测被证明是准确的，2011—2016年累计的中国经常账户盈余将会超过30 000亿美元，超过世界上任何其他国家，与迄今为止中国所累积的外汇储备的现有存量等量齐观。这个庞大的盈余存量将最终转化为日益增长的外汇储备或转入现存的SWFs或者新建的SWFs。基于IMF的预测，正如我们在如下内容中将要展开的，2011—2016年，中国将外汇储备增量的60%以及其他基金流量的近40%纳入了SWFs。

表2-A-1　　　　　　　原油价格（美元/每桶）与天然气
（指数，2005年为100）的简单平均

	1990—2000年	2000—2008年	2009—2010年	2011—2012年
油[①]	20	47.8	70.4	101.6
天然汽[②]	43.5	89.6	11.5	138.4

①原油（石油）、三种现货价格的简单平均（APSP）：布伦特现货原油、西得克萨斯中级原油和迪拜法特原油。

②大宗天然气价格指数包括欧洲、日本和美国天然气价格指数。

Source：World Economic Outlook，September 2011.

SWFs当前的规模

　　表2-A-2表明了SWFI所公布的2011年9月全球SWFs所控制的资产数量。[①]我们将使用这个数据表作为我们预测2011—2016年SWF资产管理规模的基准。SWFI列出了55只SWFs的总量，在我们的预测中根据如下的理由排除了17只基金。

----

　　①　主权财富基金的排列位次由主权财富基金研究院按季度进行更新，所有数据引自官方来源，或者不发布资产统计的相关机构以及其他可用公共来源。因为市场价值每天都在改变，所以一些数据估计精确。数据库可从以下地址下载：http://www.swfinstitute.org/fund-rankings/.
Source：The Sovereign Wealth Fund Institute.

表2-A-2	主权财富基金排名			单位:10亿美元
国家和地区	基金名称	资产	起始时间	起源
阿联酋阿布扎比	阿布扎比投资局	627	1976	石油
中国	国家外汇管理局投资公司	567.9[②]	1997	非大宗商品
挪威	政府全球养老基金	560	1990	石油
沙特	沙特阿拉伯货币局对外控股	472.5	n/a	石油
中国	中国投资公司	409.6	2007	非大宗商品
科威特	科威特投资局	296	1953	石油
中国香港	香港货币局投资组合	293.3	1993	非大宗商品
新加坡	新加坡政府投资公司	247.5	1981	非大宗商品
新加坡	淡马锡控股	157.2	1974	非大宗商品
中国	国家社会保障基金	134.5	2000	非大宗商品
俄罗斯	国家福利基金	113.9[①]	2008	石油
卡塔尔	卡塔尔投资局	85	2005	石油
澳大利亚	澳大利亚未来基金	73	2004	非大宗商品
阿联酋迪拜	迪拜投资公司	70	2006	石油
利比亚	利比亚投资局	65	2006	石油
阿联酋阿布扎比	国际石油投资公司	58	1984	石油
阿尔及利亚	收益调节基金	56.7	2000	石油
美国阿拉斯加	阿拉斯加永久基金	40.3	1976	石油
哈萨克斯坦	哈萨克斯坦国家基金	38.6	2000	石油
韩国	韩国投资公司	37	2005	非大宗商品
马来西亚	国库控股公司	36.8	1993	非大宗商品
阿塞拜疆	国家石油基金	30.2	1999	石油

国家和地区	基金名称	资产	起始时间	起源
爱尔兰	国家养老储备基金	30	2001	非大宗商品
文莱	文莱投资机构	30	1983	石油
法国	战略投资基金	28	2008	非大宗商品
阿联酋阿布扎比	穆巴达拉开发公司	27.1	2002	石油
美国得克萨斯	得克萨斯永久学校基金	24.4	1854	石油与其他
伊朗	石油平准基金	23	1999	石油
智利	社会与经济平准基金	21.8	1985	铜
加拿大	阿尔伯塔遗产基金	15.1	1976	石油
美国新墨西哥	新墨西哥州立投资委员会	14.3	1958	非大宗商品
新西兰	新西兰退休基金	13.5	2003	非大宗商品
巴西	巴西主权基金	11.3	2008	非大宗商品
巴林	玛穆塔拉卡特控股公司	9.1	2006	非大宗商品
阿曼	国家一般储备基金	8.2	1980	油气
博茨瓦纳	普拉基金	6.9	1994	钻石与矿产
东帝汶	东帝汶石油基金	6.3	2005	油气
墨西哥	墨西哥石油平准基金	6.0	2000	石油
沙特阿拉伯	公共投资基金	5.3	2008	石油
中国	中非发展基金	5.0	2007	非大宗商品
美国怀俄明	怀俄明矿业永久信托基金	4.7	1974	矿业
特立尼达和多巴哥	遗产与平准基金	2.9	2000	石油
美国阿拉巴马	阿拉巴马信托基金	2.5	1985	油气
意大利	意大利战略基金	1.4	2011	非大宗商品

国家和地区	基金名称	资产	起始时间	起源
阿联酋拉斯阿里卡伊玛	RAK 投资局	1.2	2005	石油
尼日利亚	尼日利亚主权投资局	1	2011	石油
委内瑞拉	FEM	0.8	1998	石油
越南	国家资本投资公司	0.5	2006	非大宗商品
基里巴斯	收益均等化投资基金	0.4	1956	磷酸盐
加蓬	加蓬主权财富基金	0.4	1998	石油
印度尼西亚	政府发展单位	0.3	2006	非大宗商品
毛里塔尼亚	国家碳氢化合物储备基金	0.3	2006	油气
美国北达科他	北达科他遗产基金	0.1	2011	油气
赤道几内亚	后代基金	0.08	2002	石油
阿联酋-联邦	酋长投资局	NA	2007	石油
阿曼	阿曼投资基金	NA	2006	石油
阿联酋阿布扎比	阿布扎比投资委员会	NA	2007	石油
巴布亚新几内亚	巴布亚新几内亚主权财富基金	NA	2011	天然气
蒙古	财政平准基金	NA	2011	采矿
油气相关的合计量		2 667.9		
其他合计		2 104.0		
总量		4 771.9		

①这里包括俄罗斯的石油平准基金。

②这个数字是最好的拟测。

引用的所有数字均来自于官方，或末公布其资产统计数据的相关机构，或其他可供利用的公共数据源，有些更新于 2011 年 12 月。

Source：Sovereign Wealth Fund Institute.

（1）缺少可靠的宏观经济预测：如伊朗（石油平准基金，230亿美元）和基里巴斯（收益平等化基金，4亿美元）。

（2）次国家级SWFs，均在美国：阿拉斯加永久基金，403亿美元；得克萨斯永久学校基金，244亿美元；新墨西哥州投资委员会，143亿美元；永久怀俄明矿业信托基金，47亿美元。

（3）预计2011—2016年经常账户赤字的国家：加拿大（阿尔伯塔遗产基金，151亿美元）；澳大利亚（澳大利亚未来基金730亿美元）；巴西（主权财富基金，113亿美元）；墨西哥（石油收益平准基金，60亿美元）；印度尼西亚（国家投资单位，3亿美元）；新西兰（退休基金，135亿美元）；越南（国家资本投资公司，5亿美元）；东帝汶（东帝汶石油基金）；毛里塔尼亚（国家碳氢化合物储备基金）。

（4）基金的不同来源：法国（战略投资基金，280亿美元）；意大利（意大利战略基金14亿美元）。

没有包含在我们估算中的17只SWFs控制着大约2 630亿美元的资产，相当于2011年12月SWFs资产管理规模总量的大约5%。在我们对2011—2016年SWFs资产增长的估算中，允许与SWFI提供的数据相比较，假定17只SWFs资产与包括在预测中的基金以同样的水平增长，我们包括了这17只基金。如前所述，当这些规模相对小的基金与当前SWFs资产管理的总体规模相互比较时，这种简化没有以任何方式改变方法的公正性。

对2016年外汇储备的预测

为了估计外汇储备的未来水平，我们使用2005—2010年期间的平均外汇储备与GDP之间的比率预测2016年的数值。换句话说，我们假定2010—2016年这个比率保持现有水平不变。在表2-A-3的最后一列，我们也列出了同期内外汇储备与经常账户盈余之间年度变化的比率的平均值。这一比率衡量了过去10年的后半程国家每年将经常账户盈余纳入外汇储备积累的比例。大宗商品出口国与非大宗商品出口国之间的差别非常明显。

前者将其年度经常账户盈余的平均40%留作外汇储备。在非大宗商品出口国，这个结果受到中国的极大影响，外汇储备的增长快于年度经常账户盈余，这种可能如何产生？这两类国家群体之间行为的不同如何得以判断？

表2-A-3 1990—2010年外汇储备

	10亿美元			占GDP的%			外汇储备/CA的变化（%）	外汇储备/CA的变化（%）
	1990	2000	2010	1990	2000	2010	2005—2010年平均数	2005—2010年平均数
大宗商品出口国	66.1	170.3	1440.7	12.1	14.4	34.5	32.5	40.0
阿尔及利亚	0.7	12.0	162.6	1.2	22.0	103.1	82.8	309.5
阿塞拜疆	0.0	0.7	6.4	NA	12.9	11.8	12.0	21.0
巴林	1.2	1.6	NA	27.3	19.6	NA	NA	NA
博茨瓦纳	3.3	6.3	7.9	81.7	111.9	53.1	67.7	54.2
文莱	0.0	0.4	1.6	0.0	6.8	12.9	7.6	3.7
智利	6.1	15.0	27.8	19.2	20.0	13.7	13.4	207.5
哈萨克斯坦	0.0	1.6	25.5	NA	8.7	17.0	16.0	−43.5
科威特	2.0	7.1	21.2	10.7	18.8	16.0	14.0	5.9
利比亚	5.8	12.5	99.6	19.1	32.6	139.7	119.0	54.9
尼日利亚	3.9	9.9	34.9	12.3	21.4	17.2	25.8	24.1
挪威	15.3	27.6	52.8	13.0	16.4	12.8	14.3	3.4
阿曼	1.7	2.4	13.0	14.3	12.2	22.5	19.7	27.1
巴布亚新几内亚	0.4	0.3	3.0	12.5	8.1	31.9	26.8	58.5
卡塔尔	0.6	1.2	30.6	8.6	6.5	24.0	13.7	26.7
俄罗斯	0.0	24.3	443.6	NA	9.3	30.0	29.6	68.2
沙特阿拉伯	11.7	19.6	444.7	10.0	10.4	99.2	82.1	49.8
特立尼达和多巴哥	0.5	1.4	9.6	9.7	17.0	47.1	37.7	16.9
阿联酋	4.6	13.5	42.8	9.3	13.0	14.2	15.3	40.5
委内瑞拉	8.3	13.1	13.1	17.2	11.2	4.5	10.9	−25.5
非大宗商品出口国和地区	111.7	485.8	3758.6	12.9	22.2	48.3	42.1	115.6
中国	29.6	168.3	2866.1	7.6	14.0	48.8	43.3	136.5
中国香港	24.6	107.5	268.6	32.0	63.6	119.7	90.1	120.0
爱尔兰	5.2	5.4	1.8	10.9	5.5	0.9	0.5	0.4
马来西亚	9.8	28.3	104.9	22.2	30.2	44.1	48.6	25.5
新加坡	27.8	80.2	225.7	71.6	85.0	101.3	95.7	46.8
韩国	14.8	96.1	291.5	5.5	18.0	28.7	26.3	−208.5
大宗商品与非大宗商品出口国和地区	178	656	5 199	11.2	19.5	43.5	38.5	80.2

Source：World Bank Development Indicators，2011.

在大宗商品出口国，储备的累积是能源价格提升时出口订单大幅增长的结果，在这些国家，对外汇市场的干预并非主要的宏观经济管理手段，资本流入（资产组合流量和外国直接投资）发挥了次要的作用。在中国和其他亚洲国家为了增加经常账户盈余，储备的累积也由央行出于保持出口部门竞争力的目的对外汇市场进行既定干预的因素所决定。当大量外国货币在外汇市场上被买进时，这类积极的汇率管理导致外汇储备的增长。进一步讲，中国与其他亚洲国家变成了大宗外国投资的吸纳国，它有助于改善国际投资头寸。换句话说，虽然在大宗商品出口国，被配置于外汇储备或SWFs的外币的最大来源是出口，但是，在亚洲经济体中，对汇率的积极管理和资本流入提供了另外的外币来源，但是，在一些情况下，例如中国，它会导致外汇储备的累积超出其贸易平衡表（trade balance）中的盈余。

外汇储备与经常账户盈余年度变化之间的比率也显示出每一个国家如何在外汇储备与SWFs之间分配其累积财富。如前所述，大宗商品出口国一般将其盈余的40%配置于外汇储备；其余的部分可能流入它们SWFs的金库。在已建立SWFs的国家——例如挪威与科威特——只有极小一部分年度经常账户盈余被配置于外汇储备，同时流入国内的大量外国货币被配置于政府全球养老基金和科威特投资局。我们对新加坡做同样的观察，它拥有两只运作良好的SWFs——新加坡政府投资公司和淡马锡。与中国相反，在新加坡只有不到一半的经常账户盈余进入了提升外汇储备的通道。

基于2005—2010年外汇储备与GDP的平均比率，表2-A-4显示了我们对2010—2016年外汇储备的预测。从总体上说，外汇储备从2010年的52 000亿美元增加到2016年的87 000亿美元。在这个时期，大宗商品的出口将使大约9 000亿美元的额外基金纳入外汇储备，俄罗斯与沙特阿拉伯占据了总量中的最大份额。非大宗商品出口国将增加26 000亿美元，中国占据了其中的85%。

在表2-A-4的最后一列，我们报告了估计的结果，2005—2010年平均外汇储备与GDP的比率被2005—2010年外汇储备对经常账户盈余变化的平均比率所取代，成为我们预测中的关键驱动力。对于大宗商品出口国，这两种方法的结果大体一致。对于非大宗商品出口国而言，其他可供选择的方法导致外汇储备额外增加约20 000亿美元。经常账户盈余在大宗商品与非大宗商品出口国是外汇储备更可靠的推动力。

表2-A-4　　　　　　2010—2016年的外汇储备　　　　单位：10亿美元

	2010	2011	2012	2013	2014	2015	2016	2010—2016年变化	2010—2016年CAGR（%）①	2010—2016年变化
大宗商品出口国	1 441	1 649	1 763	1 897	2 030	2 174	2 331	891	8.4	1 132
阿尔及利亚	163	152	156	163	168	175	181	18	1.8	358
阿塞拜疆	6	8	10	11	12	13	14	7	13.7	16
巴林	0	NA	NA	NA	NA	NA	NA	NA	NA	−5
博茨瓦纳	8	11	12	13	14	15	15	8	11.8	0
文莱	2	1	1	1	1	1	1	0	−3.7	2
智利	28	33	33	35	36	39	42	14	7.2	15
哈萨克斯坦	25	29	32	36	40	45	52	27	12.8	−20
科威特	21	24	25	26	28	29	31	10	6.7	20
利比亚	100	105	110	115	121	127	134	34	5.0	33
尼日利亚	35	64	68	73	79	85	93	58	17.6	38
挪威	53	68	71	73	74	76	78	25	6.7	13
阿曼	13	13	14	14	15	16	17	4	4.6	13
巴布亚新几内亚	3	3	3	3	4	5	6	2	10.4	−1
卡塔尔	31	24	25	26	27	28	29	−2	−1.0	79
俄罗斯	444	558	627	694	761	832	914	471	12.8	182
沙特阿拉伯	445	460	477	509	540	571	605	160	5.3	225
特立尼达和多巴哥	10	8	9	10	11	12	12	3	4.5	5
阿联酋	43	55	57	60	64	67	71	28	8.8	81
委内瑞拉	13	34	34	35	35	36	37	24	18.7	−23
非大宗商品出口国和地区	3 759	3 931	4 333	4 773	5 254	5 780	6 366	2 607	9.2	4 536
中国	2 866	3 027	3 354	3 729	4 141	4 594	5 102	2 236	9.9	4 863
中国香港	269	222	241	261	279	298	320	51	2.1	136
爱尔兰	2	1	1	1	1	1	1	0	−6.7	0
马来西亚	105	120	130	140	151	163	176	71	9.2	45
新加坡	226	255	271	283	296	310	324	98	6.5	142
韩国	291	306	335	359	385	413	443	152	7.2	−218
大宗商品与非大宗商品出口国地区	5 199	5 580	6 097	6 670	7 284	7 954	8 697	3 498	8.9	5 667

①使用2005—2010年外汇储备与经常账户盈余变化之间的平均比率作为预测的驱动力。

Source: Authors' calculation on data from World Economic Outlook, September 2011, World Bank Development Indicator, 2011.

2011—2016年纳入SWFs的流量

在表2-A-5中，我们列出了从每个国家年度经常账户盈余中抽取预测的年度外汇储备增量后估算出的流入SWFs的基金数量。在2011—2016年期间，我们预测，34 150亿美元的新基金将被转入现存或新建的SWFs。其中，17 390亿美元将被转换为依托大宗商品的SWFs，16 760亿美元转换为依托非大宗商品的SWFs。

表2-A-5　　　　　2011—2016年流入SWFs的基金量　　　　单位：10亿美元

	2011	2012	2013	2014	2015	2016	2011—2016年累计
大宗商品出口国	369	374	305	258	239	193	1 739
阿尔及利亚	36	16	12	11	10	12	97
阿塞拜疆	14	14	13	11	10	9	70
巴林	3	4	4	4	4	4	24
博茨瓦纳	−4	−1	−1	−1	0	0	−7
文莱	8	7	7	7	8	8	46
智利	−3	1	−1	0	−1	−2	−7
哈萨克斯坦	7	6	4	2	1	0	19
科威特	55	53	53	55	58	62	336
利比亚	5	5	5	4	4	4	26
尼日利亚	5	25	21	19	16	14	99
挪威	52	61	61	59	58	56	346
阿曼	10	8	8	6	7	6	44
巴布亚新几内亚	−2	−2	−1	−1	0	2	−5
卡塔尔	63	53	49	47	44	41	297
俄罗斯	−11	5	−15	−46	−56	−80	−204
沙特阿拉伯	15	18	32	31	31	33	160
特立尼达和多巴哥	6	4	4	4	4	4	27
阿联酋	25	32	27	27	30	29	171
委内瑞拉	2	18	14	13	11	9	67
非大宗商品出口国和地区	303	148	214	277	343	392	1 676
中国	200	104	160	225	293	344	1 327
中国香港	60	−4	−2	1	3	6	62
爱尔兰	5	4	3	4	3	3	21
马来西亚	13	19	19	19	19	18	107
新加坡	24	36	40	37	36	34	206
韩国	3	−11	−6	−9	−11	−13	−47
大宗商品与非大宗商品出口国和地区	672	522	519	535	582	584	3 415

Source: Authors' calculation on data from World Economic Outlook, September 2011, World Bank Development Indicator, 2011.

在大宗商品出口国中，挪威、科威特、卡塔尔、阿联酋和沙特阿拉伯占有总量的75%还多。①值得注意的是，俄罗斯纳入SWFs的基金余量估计在未来几年最终会变成负数。换句话说，根据IMF对在2011—2016年经常账户变化的预测值，俄罗斯的净国际投资头寸会恶化。事实上，IMF预测经常账户盈余将在2011—2016年逐步下降，如果俄罗斯出于稳定或为下一代造福的目的打算，增加其SWFs资产管理规模，它将不得不降低外汇储备与GDP的比率，或改善其贸易差额。在大宗商品出口国中，俄罗斯并非是唯一出现这种情况的国家。沙特阿拉伯也被预测在未来几年要经历经常账户盈余逐步萎缩的过程，这反映了在"阿拉伯之春"后国内支出在近期的急剧增加。然而，与俄罗斯相反，到2016年沙特阿拉伯被预测会一直拥有约500亿美元的经常账户盈余（同期俄罗斯的经常账户盈余将近乎于零）。在非大宗商品出口国（地区）中，中国的权重正在占据压倒性优势，根据我们的预测，在2011—2016年，中国的SWFs开始吸纳13 270亿美元的额外基金，其中约80%的额外流量将被依托于非大宗商品出口国的SWFs吸纳。第二大流量的基金将出现在新加坡，规模约为2 060亿美元，接下来的是马拉西亚和中国香港特别行政区。如果韩国想将额外的基金转入韩国投资公司，它将不得不减少外汇储备。

2011—2016年SWFs资产的增长

表2-A-6报告了2011—2016年三种不同收益状况下的SWFs资产管理规模的发展状况（保守、基准和激进）。根据我们的估计，到2016年SWFs资产管理规模的估值将处于保守的收益状态下（年收益率3%）的8.7万亿美元与激进收益状态下（年收益率9%）的10.8万亿美元之间的水平。

---

① 对于沙特阿拉伯，SAMA管理着外汇储备和主权财富，流入SWFs的基金被认为是出于显示与比较的目的。

表 2-A-6　2011—2016年以国家（地区）划分的SWFs资产管理规模的增长

按国家（地区）划分的SWFs资产的增长[①][②]	保守收益状态（3%）			可能收益状态（6%）		激进收益状态（9%）	
	2011	2016	2011—2016年CAGR（%）	2016	2011—2016年CAGR（%）	2016	2011—2016年CAGR（%）
大宗商品出口国	2 651	4 742	12.3	5 451	15.5	5 977	17.7
阿尔及利亚	56.7	131.4	18.3	146.0	20.8	162.1	23.4
阿塞拜疆	30.2	95.5	25.9	105.1	28.3	115.6	30.8
巴林	9.1	32.4	28.9	35.3	31.2	38.6	33.5
博茨瓦纳	6.9	4.3	−8.8	5.3	−5.2	6.4	−1.6
文莱	30	75.1	20.2	82.9	22.5	91.5	25.0
加拿大	15.1	26.6	12.0	30.5	15.1	33.5	17.3
智利	21.8	21.4	−0.4	25.3	3.0	29.6	6.3
东帝汶	6.3	11.1	12.0	12.7	15.1	14.0	17.3
哈萨克斯坦	38.6	58.4	8.6	66.6	11.5	75.8	14.4
基里巴斯	0.4	0.7	12.0	0.8	15.1	0.9	17.3
科威特	296	641.2	16.7	711.8	19.2	789.8	21.7
伊朗	23	40.5	12.0	46.5	15.1	40.0	11.7
利比亚	65	73.4	2.5	84.9	5.5	97.8	8.5
毛里塔尼亚	0.3	0.5	12.0	0.6	15.1	0.7	17.3
墨西哥	6.0	10.6	12.0	12.1	15.1	13.3	17.3
尼日利亚	1	102.1	152.2	109.4	155.8	117.2	159.3
挪威	560	962.3	11.4	1 082.3	14.1	1 215.5	16.8
阿曼	8.2	46.4	41.4	50.4	43.8	54.7	46.1
巴布亚新几内亚	0	1.0	NA	1.0	NA	1.0	NA
卡塔尔	8.5	348.1	32.6	379.7	34.9	414.2	37.3
俄罗斯	113.9	−66.6	−189.8	−51.6	−185.4	−34.4	−178.7
沙特阿拉伯[③]	477.8	859.6	12.5	1 075.5	17.6	1 075.5	17.6

按国家（地区）划分的 SWFs资产的增长①②	保守收益状态（3%）			可能收益状态（6%）		激进收益状态（9%）	
	2011	2016	2011—2016年 CAGR（%）	2016	2011—2016年 CAGR（%）	2016	2011—2016年 CAGR（%）
特立尼达和多巴哥	2.9	25.8	54.9	27.7	57.1	29.8	59.3
阿联酋	769.5	1 047.2	6.4	1 194.6	9.2	1 359.0	12.0
美国	69.4	122.3	12.0	140.2	15.1	154.4	17.3
委内瑞拉	0.8	70.4	144.9	75.6	148.4	81.1	151.9
非大宗商品出口国和地区	2 014	3 935	13.3	4 378	15.8	4 855	18.2
澳大利亚	73	139.3	13.8	155.3	16.3	172.0	18.7
巴西	11.3	21.6	13.8	24.0	16.3	26.6	18.7
中国	1 117.1	2 472.9	17.2	2 725.8	19.5	3 005.2	21.9
法国	28	53.4	13.8	59.6	16.3	66.0	18.7
中国香港	293.3	342.2	3.1	394.0	6.1	452.0	9.0
印度尼西亚	0.3	0.6	13.8	0.6	16.3	0.7	18.7
爱尔兰	30	52.3	11.8	58.9	14.4	66.2	17.1
意大利	1.4	2.7	13.8	3.0	16.3	3.3	18.7
马来西亚	36.8	142.6	31.1	155.5	33.4	156.9	33.6
新西兰	13.5	25.8	13.8	28.7	16.3	31.8	18.7
新加坡	404.7	663.0	10.4	747.6	13.1	841.7	15.8
韩国	37	-9.7	-176.5	-6.1	-169.7	-1.9	-155.3
美国	14.3	27.3	13.8	30.4	16.3	33.7	18.7
越南	0.5	1.0	13.8	1.1	16.3	1.2	18.7
总SWF	4 755	8 677	12.8	9 829	15.6	10 832	17.9

① 在不止一个SWF的国家和地区，这里是指SWFs管理的所有资产的总和。

②在这些国家和地区，管理资产以相关群体平均增长率的速度增长。

③沙特阿拉伯的情况是：沙特货币局管理下的外汇储备总额被包括在内。

Source：Author´s calculation on data from World Economic Outlook，September 2011，World Bank Development Indicators ，2011 and Sovereign Wealth Fund Institute，2011.

在基准情形下（年收益率6%），管理资产将以超出15%的速度增长，并且在2011—2016年期间其价格将会翻倍。根据这些预测，SWFs管理的资产在机构投资市场上被认为增长很快的部分（如养老金、保险和投资基金市场）在同期内将只会以个位数增长。

到2016年，在可能收益状态下，4个国家——挪威、沙特、阿联酋和中国——由SWFs控制的资产将大于1万亿美元。在中国，由SWFs控制的资产管理规模将超过2.7万亿美元，相当于SWFs资产管理规模的近30%。在4个最大的SWFs持有者之后，还有其他的国家和地区——科威特、卡塔尔、中国香港特别行政区和新加坡——这些地方由SWFs控制的资产总量可能达到7 000亿美元，但是，将维持在1万亿美元水平以下。整体而言，这8个国家将控制全球SWFs资产管理规模的85%。

第3章　SWFs作为全球市场的投资者

　　SWFs通常是指同质的投资者群体。实际上，SWFs包括了各种具有不同目标、投资行为和风险偏好的机构。一般来讲，SWFs和FWFs会将超额外汇储备（也就是超过中央银行需要的部分）投资于全球金融资产和房地产。①

　　例如在阿联酋，中央银行只负责不到10%的主权储备投资，然而，大部分的石油收入由世界上最大的SWFs阿布扎比投资局以及其他投资工具(如阿布扎比投资公司或穆巴达拉开发公司）进行投资。在大型大宗商品出口国家中，只有沙特阿拉伯还没有建立SWF。沙特阿拉伯指定其中央银行阿拉伯货币管理局，负责管理货币政策所需要的流动性和超额储备投资。②俄罗斯有一些投资工具，值得一提的是平准基金，但是，中央银行直接或者间接地负责管理大部分主权财富，因为鉴于难以消除的宏观经济震荡和周期性的资本外流，中央银行必须持有充足的流动性"火力"。不过，我们必须对SWFs和FWFs所管理的储备资源做一个区分。

　　在大宗商品出口国家，由SWFs管理的储备和它们取得的投资收益是用

---

　　①　正像引言中指出的那样，第一只大型的SWF是第二次世界大战后由能源商品输出国建立的，由科威特首发。当前，大批商品输出国正在仿效这一做法。

　　②　2009年，沙特阿拉伯宣布，建立由政府控制的名为Sanabil的基金，但迄今为止，它在外汇储备管理中的作用似乎极其有限。

来抵消商品价格较低时期的难以预料的财政收入缺口——这就是所谓SWFs的稳定功能。满足财政稳定需要以外的储备用于造福子孙后代的投资。有些时候这两种职能被指定给不同的主体执行：例如在阿曼存在一种国家总储备基金，这种基金在好年景接受资金，在坏年景再把它们分派给国库，同时，阿曼投资基金却可以被更恰当地描述为一种致力于长期投资的FWF。

对于非大宗商品出口国，建立SWF的依据和功能历来是不同的，并且随时间在不断演变。在20世纪70年代早期，新加坡是亚洲第一个建立SWF的非大宗商品出口国，其建立的SWF称为淡马锡，它的国内授权非常明确：支持新加坡的经济发展。相应地，它的投资组合不同于平准基金或FWF：淡马锡从根本上讲是一个国家控股公司，主要是代表政府投资于一些战略性行业，特别类似于20世纪30年代到40年代兴起的用来支撑经济发展和支持一些欧洲国家战略部门建立公共公司。它们经历了许多波折，健康地发展到了20世纪90年代。20世纪90年代早期建立的马来西亚SWF——国库控股公司，也拥有类似的授权，主要投资于国内一些金融服务、媒体、通信和其他明显有利于经济增长的战略部门。

在1990到2010年之间，大部分出口国家迎来了外汇储备的激增，国家控制的独立投资工具，投资范围不再局限于国内的发展，还满足了国际外汇储备多样化的需要。例如，在中国，1997年建立了第一个致力于外汇储备多元化的投资工具——国家外汇管理局（SAFE），2007年建立了中国投资公司（CIC）。韩国投资公司（KIC）在2005年建立。虽然建立的SWFs越来越多，但是与大宗商品出口国不同，亚洲最大的大宗商品出口国往往把大部分主权资产分配给中央银行（图3-1）。例如，在中国，即使在2007年将大量储备转移给中国投资公司之后，中央银行依然持有整个外汇储备的85%，马来西亚和韩国也是如此。[1]在新加坡，尽管有两个

---

[1] 在2011年年末,中国政府宣布建立除中国投资公司之外的第二只SWF,投资300美元资本(应该为300亿美元——译者注)用于全球股权和原材料的收购。

信誉良好的SWFs，但中央银行依然持有40%的储备份额。亚洲国家中央银行的最大作用——这些国家的外汇储备超过了纯粹货币目的所需要的最优水平——以外汇储备进行宏观经济管理，尤其是为保持出口竞争力对外汇市场进行的干预。①在这些国家中，外汇储备的增长主要源于中央银行实行的本外币对冲操作，这种操作是为了消除由于外汇干预造成的国内经济的过剩流动性。在大宗商品出口国，外汇储备的增长仅仅是意料之外的收入，并没有相应的国内货币供给增长，因为在国际市场上出口商品得到的美元——撇开政府支出需要的部分——被财政部或央行获得，其中一部分投资于海外。在这些国家里，汇率的竞争力不是影响经济状况的关键因素，它主要与商品价格周期相关。

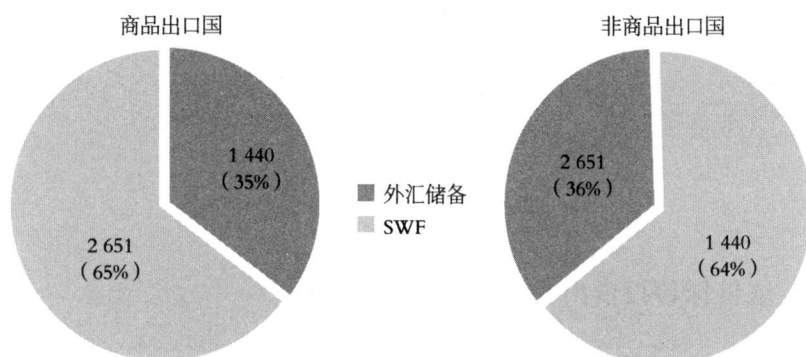

图3-1 商品与非商品出口国的主权财富管理

观察在大宗商品出口国和非大宗出口国SWFs发挥不同作用的方式——保证投资的多样化——着眼于其主权财富的不同性质。在商品输出国，SWFs和FWFs持有的是国家的净财富，所以，它们的主要目的是当

---

① 本外币对冲的目的是避免外汇干预会变成影响利率和通胀的过量的国内货币供给。中国（保持严格的资本控制）和其他亚洲国家在外汇市场上购买美元来避免本币的升值。本外币对冲包括一定数量售予国内投资者的债券，因此会降低国内货币供给。

商品价格下降到一定临界值或者是当其初始禀赋耗尽之时为国内支出提供资金。考虑到这种性质，它们的资产可以被认为等同于国家资本或者是财务意义上的"股权"。相应地，投资目标定为实际回报率，风险偏好会很高，并且没有特别的投资限制，因为负债方并没有对应的项目（明确的）。

在非大宗商品出口国，中央银行的储备是"借"的资金，因为它们由国内因本外币对冲操作而发行的短、中期债务来提供资金支持。这些储备的债务性投资所暗含的意义为：一是隐性"必要报酬率"的存在，支付给国内出借方的利率可以高于国际短、中期借款能得到的利率。二是这些资金面临着一类外汇风险，因为它们是由持续的货币升值积累起来的（Berkelaar et al.，2010）。三是它们的投资将会是具有针对性的、名义的而不是实际的回报，因为负债方支付的利率是以名义形式存在的。

大宗商品出口国和非大宗出口国在 SWFs 的资产负债表上债务性质的区别经常被忽略。在详细分析 SWFs 的投资行为之后，我们将会在 3.5 节揭示这些重要的含义。

3.1　依目标和投资组合特征分类的 SWFs

表 3-1 报告了一组选定的 SWFs 的政策授权、投资目标、资产配置、风险偏好和负债。①前面章节中列举的五大类别将会在本书中继续沿用，并且会在此基础上解释它们的投资行为。然而，SWFs 可以有多种和重叠的投资目标，并且它们的政策授权也会随时间而变化，所以，实际上一个 SWF 可能有不只一种的分类。例如，中国投资公司——被列为储蓄基金

_____

① 表 3-1 中包含的大量信息来源于每年的 SWFs 报告和一些类似于 Monitor——一个战略咨询公司——的公开资料，以及其他关于 SWFs 的公开文献。这里仅仅包含那些能够得到最小数量的关于资金配置信息的 SWFs。

——将超过一半的资产投资于国内的银行来支持国内金融行业。这种目标类似于马来西亚国库控股公司或者穆巴达拉开发公司的典型投资控股公司而不是储蓄基金。中国香港特别行政区和沙特阿拉伯的货币局（类似于中央银行的机构）也负责投资超额储备，投资期限较长。作为纯粹的平准基金建立起来的SWF，一旦累积储备超出稳定宏观经济的需要就能转化为储蓄基金。俄罗斯的情形是，建立于2003年的平准基金的主要目标是在石油价格较高时负责管理财政储备，并且于2008年重新组建，建立了两只独立的基金，分别是储备基金和国民财富基金。

表3-1　　　　　　　　　选定的SWFs*的投资特征

	国家（地区）	政策授权①	投资范围	投资目标②	风险偏好	显性负债	资产的长期名义收益(%)③	资产配置④	直接投资
储备投资公司与平准基金									
香港货币局外汇基金	中国香港	直接或间接影响香港货币的交换价值；保持香港货币和金融体系的稳定与完整	中长期	保护资本，获取维持基金长期购买力的投资收益	中性	货币基础	5.90	固定收入：75% 股权：25%	否
国家储备基金(1)与国家财富基金(2)	俄罗斯	宏观经济稳定(1)支持养老体系		资本保护和稳定长期投资收益	低	弥补政府收入亏空		固定收入：95% 超国家：5%	否
社会与经济平准基金	智利	在经济疲软和商品价格较低时为财政赤字融资	中期	央行采用的当前的投资政策。因全球危机延迟的更加激进的投资政策	低	弥补政府收入的亏空	6.10	主权债券：66.5% 货币市场：30% 通胀关联债券：3.5%	否

	国家 (地区)	政策授权①	投资 范围	投资 目标②	风险 偏好	显性 负债	资产的 长期名 义收益 (%)③	资产配置④	直接 投资
国家石油基金	阿塞拜疆	维持合理的流动性，保证计划的资金及其他及时准确地转入预算	中期	投资的目标时间段（不超过48个月）	中等	弥补政府的收入亏空	3.40	仅固定收入（当前正在修订中，将有更多的资产类别）	是
遗产与平准基金	特立尼达和多巴哥	在收入下滑时期缓冲对公共支出的影响，维持公共支出	中长期	在限定的水平之内的长期投资目标	中等	弥补政府收入亏空	NA	USFI短期：25% USFI：40% 美国股权：17.5% 非美国股权：17.5%	否
东帝汶石油基金	东帝汶	流动性、资本保护	中长期	FI和股权基准	中等	弥补政府收入亏空	4.15	固定收入（94%） 股权（4%）	否
储蓄基金									
阿布扎比投资局	阿联酋	将基金投资于阿布扎比酋长国的政府行为，以提供必要的融资资源、维持酋长国的未来福利	长期	产生可持续的长期金融收益	高	阿布扎比预算亏空	8.10	开发股权：35%~45% ME股权：10%~20% 小盘股权：1%~5% 政府债券：10%~20% 信贷：5%~10% 可替代：5%~10% 私人股权：2%~8% 基础设施：1%~5% 现金：0~10%	是
全球政府养老基金	挪威	代际之间的财富分享，收益最大化	长期	一定风险度之内的收益最大化	中高	没有特殊负债（2020年开始有养老金流出）	5.00	股权：60% 固定收入：35%~40% 房地产：5%	否
中国投资公司	中国	掌控、投资和管理一定比例的外汇储备	长期	风险调节收益最大化	高	没有显性负债	6.40	股权：48% 固定收入：27% 可替代投资：21% 现金：4%	是
新加坡政府投资公司	新加坡	保护和加强新加坡储备的购买力	20年	在长期投资范围内获取通货膨胀水平之上的长期收益	中高	能够转入财政预算的50%的长期投资实际收益	7.20	开发股权：34% EM股权：15% 名义债券：20% 通胀关联债券：2% 房地产：10% PE基础设施：10% 绝对收益：3% 自然资源：3% 现金：3%	是

	国家(地区)	政策授权①	投资范围	投资目标②	风险偏好	显性负债	资产的长期名义收益(%)③	资产配置④	直接投资
阿拉斯加永久基金	美国	永久基金由两部分组成：可花费部分（基本部分）和可分配部分（实现收入）。基金的非花费部分被永久投资，如果宪法不变，就不可以花费。每年制定分配部分使用的决策	长期	保护基本部分的同时产生最大收益	高	向阿拉斯加政府分红	9.10	股票：36% 债券：23% 房地产：12% 私人股权：6% 绝对收益：6% 基础设施：3% 现金：2% 其他：12%	否
韩国投资公司	韩国	由韩国政府和韩国银行委托巩固主权财富，通过管理资产为金融业发展做贡献	长期	在可判断的风险度内，确保超出目标收益的新增资产的长期购买力	高	无显性负债	NA	股权：43.4% 固定收入：49.1% 可替代投资：5.8%	是
阿尔伯塔遗产基金	加拿大	取得收入支持政府计划（例如健康和教育）	长期	超出加拿大通货膨胀率4.5%的收益	高	回报部分被转成一般收入	5.30	股权：51% 固定收入：25% 可替代投资：24%	否
新墨西哥州投资委员会	美国	保证子孙后代获得与当前受益方同样的利益	长期	在长期内保护与强化资本，包括几种基金	高	规定完备的支出政策	4.72	国内股权：51% 国际股权：10% 房地产：3% 私人股权：6% 对冲基金：10% FI IG：15% FI HY：3%	否

	国家 (地区)	政策授权①	投资 范围	投资 目标②	风险 偏好	显性 负债	资产的 长期名 义收益 (%)③	资产配置④	直接 投资
不确定的养老储备基金									
澳大利 亚未来 基金	澳大 利亚	弥补没有资金来 源的养老金负 债，使之在将来 可以偿付	长期	超出通货 膨胀率 4.5% ～ 5.5%	高	从2020年 开始未来 养老负债	5.20	股权：40% 固定收入：15% 有形资产：25% 可替代投资：15% 现金：5%	否
国家养 老储备 基金	爱尔 兰	尽可能多地弥补 社会福利和社会 公共服务养老的 成本	长期	在滚动的 5年期，最 大化基金 的终端价 值，并将 其作为政 府债务跑 赢成本的 补充目标， 基准与 SSA一致	高	从2025年 未来养老 金负债	3.50	全球股权：55.4% 固定收入：23.3% 可替代资产：21.3%	是
新西兰 养老 基金	新西 兰	降低新西兰养老 金所花费的未来 新西兰纳税人的 税负	长期	长期内收 益的最大 化	中 高	从2031年 起，未来 养老金负 债	7.83	全球股权：70% 国内股权：5% 全球房地产：5%	否

*我们只包括了选定的SWFs数目：这些基金在其年报里公布了充分的信息。

①政策授权经常被包括进年度报告中。

②像年度报告中描述的投资目标。

③在某些情况下，是从最初以来的收益率；不能获得时，我们使用的是来自于年度报告的最长期收益。

④可以提供时，我们报告战略（或政策）资产配置；不能提供时，我们报告的是来自于年度报告的最近的资产配置。

Source：SWFs' annual reports，various years.

每个不同的政策授权都对应于不同的经营目标，这些经营目标规定了回报目标、投资性质、约束、投资范围和抗风险度。把这些因素集中起来就可以给出资产管理中经常参照的"战略资产配置"（SAA）的定义，也就是任何机构投资者都根据这一框架来管理和投资其资产。战略资产配置决定了任何投资组合的风险-收益状况。

在风险承受范围的底线，储备投资公司管理着中央银行的外汇储备。[1]它们的重要任务就是在严格的风险约束范围内通过改善多样性来优化流动性管理；因此资金投资一般比较谨慎，并且投资期限相对较短（1到3年）。

然而，与中央银行相比，它们可以采用更为多样性的投资策略，因为它们的第二目标是维持外汇储备的长期价值。因此，除了投资于美国国库券之类的安全性强、流动性强的政府债券之外，储备投资公司一般也会投资于公司债券和股权，这些是中央银行不会投资的资产类别，因为这类资产太不稳定，不利于货币管理。例如，中国香港特别行政区货币局（HK-MA）外汇基金被分成了两个部分：（1）支持组合，这部分是持有流动性较高的美元主导的资产，持有这类资产的主要目的是给货币局制度下的基础货币提供坚实的后盾；（2）投资组合，投资于涵盖经合组织国家的兼顾固定收益和股权证券的宽泛资产组合。

另一个大的参与者是中国的国家外汇管理局，这个基金并没有披露太多关于资产配置的信息，但是有间接证据证明其在全球股权市场投资了很大的份额：根据《经济学人》（《中国在欧洲的投资》，《经济学人》，2011年7月2日），在2011年6月，中国国家外汇管理局持有约200亿美元的英国股票，约占英国股市资本化的1%。国家外汇管理局很有可能在欧洲、

---

① 在一些例子中，中央银行直接负责这些资金的管理，例如中国香港的外汇基金和沙特阿拉伯的独立资产基金。其他例子包括，一个叫国家外汇管理局的独立实体成立起来，它是中国人民银行的代理机构。

美国和亚洲的其他股票市场持有类似的或者更多的股权。总体来说，储备投资公司一直保有流动性较高的资产。然而，国家外汇管理局最近对慕尼黑保险（Munich Re）3%的股权收购显示出了其更大胆的投资态度。

平准基金一般是由自然资源比较丰富的国家建立的：建立的主要目的是使预算与冲击隔离开以及满足偶然性的财政需要。平准基金的例子有：俄罗斯平准基金、哈萨克斯坦国家石油基金、阿塞拜疆国家石油基金和智利的社会与经济平准基金。在投资行为方面，这些基金有一个非常类似于储备投资公司的战略资产配置，因为它们特别重视流动性和资本保全。结果，它们的投资领域非常类似，包括货币市场基金、银行存款和高级主权与公司债券。一些SWFs，例如东帝汶石油基金也会进行股权投资。鉴于投资框架的相似性和相对短期的投资期限，储蓄投资公司和平准基金经常被组合在一起。

储蓄基金，可以被认为是FWFs的一个分支，功能是长期价值创造，既存在于大宗商品出口国也存在于非大宗商品出口国。在数量与资产上都属于最大的一个群体；它们掌握着一半以上SWFs管理的资产。储蓄基金的主要经营目标是年度派息（pay-out）的最大化；这些基金不持有任何特殊的短期债务，而是有更长期的投资期限，投资于流动性低和风险高的资产。例如，新兴市场股权、投机性的公司债券、房地产、对冲基金、私人股权，还有像我们将要讨论的上市和非上市公司中的直接股权投资。此类最大的储蓄基金包括：阿布扎比投资局、挪威全球政府养老基金、中国投资公司、科威特投资局和阿曼投资基金。

主权养老储蓄基金为政府资产负债表上的或有非专门养老负债提供保障。它们的主要目的是积累资本，作为抵消人口变化对养老体系影响的其他财富来源。包括在SWFs群体中的此类基金有澳大利亚未来基金、爱尔兰国家养老储备、新西兰退休基金和近期建立起来的俄罗斯财富基金。挪威的政府全球养老基金也可以归为此类，因为它的目标之一是支持政府储蓄为国家保险计划中的养老支出融资。然而，鉴于它的授权也包括宏观经济稳定和长期储蓄，政府全球养老基金更应该被归为储蓄基金。依照资产而言，养老储蓄基金是SWFs中最小的群体。这类基金对投资有一个传统的资产负债管理方法，并且它们非常类似于传统的养老基金；然而，作为退休人员收入的补充来源，它们的投资期限更长并且能容忍更大的短期波动性。它们的资产配置明显近似于正常的养老基金。

SWFs的前四个集群：储备投资公司、平准基金、储蓄基金和主权养老储蓄基金代表了全球SWFs管理的大部分资产，可以被宽泛地定义为"资产管理者"。就此而言，它们与传统的机构投资者有着类似的投资方法。从政策观点看，它们在全球资本市场的资产管理活动几乎是无形的，因为它们的操作与遍布全球资本市场的数以千计的养老基金以及投资基金融合在一起。同时，它们经常管理着部分国内投资（例如，被动的股指追踪），同时它们也会把一部分资产管理外包给外部的基金管理者，就像西方国家大多数的机构投资者一样。这些基金的资产管理活动在西方国家从来没有引起政治关注，但是它们的行为实际上是受到支持的，并且被认为具有很明显的积极意义，因为它们为全球债券和股票市场提供了流动性和稳定性。

SWFs的第五大群体包括具有不同性质的投资机构，也就是投资控股公司（或者称为开发基金）。它们有专门的社会经济目标，如经济多样性、战略产业发展或者扶贫等。它们的主要政策授权是"战略性"，也就是它们有获取纯粹投资回报以外的其他目标；它们大部分是在国内公司拥有大量控股权以及在国外公司有战略性投资的投资控股公司。在这一类别中最大的基金有淡马锡、卡塔尔投资局、马来西亚国库控股公司和阿联酋的穆巴达拉开发公司。这些基金管理的资产总额大约有4 000亿美元。

这些SWFs在资产配置、进行个别收购和处置战略资产方面更加大胆，因此它们更加类似于私人股权基金而不是养老基金和投资基金。在这个群体中，我们可以做一个区分：一类主要是当地的或者地方区域的投资基金；一类是国际基金。例如，马来西亚国库控股公司把大量资产投向国内的金融、通信和国家政策授权的单位，这个授权是"在代表政府发展马来西亚选定的行业"。另一方面，1/3的淡马锡资产投资于国内，与此同时，其他大部分资产投资遍及亚洲和经合组织国家。尽管卡塔尔投资局在国内合资企业中持有大量股份，但在国际领域依然特别活跃，在国内企业参股的目的主要在于经济的多样化，使卡塔尔经济涉足非石油部门。在一些情况下，SWF只涉足专门的部门。例如，国际石油投资公司在全球投资能源部门。这些SWF的与众不同之处在于它们在上市或者非上市公司握有或大或小的战略性股权。

不过，战略性投资态度不是投资控股公司的特权。大多数的储蓄基金和少数平准基金也会在国内外市场做直接投资。在最近几年里，阿布扎比投资局、中国投资公司、科威特投资局和阿曼投资基金针对国外上市和非上市公司进行了数十亿美元的直接投资，其中包括在金融危机时对国际银行的投资。通过把它们管理的大部分资产直接在全球市场或是通过基金管理公司投向流动性较高的证券，这些基金公司可以依靠这些大量可用的流动性来购买大量上市或者非上市公司的非杠杆性股权。这些投资行为经常成为热点新闻，偶尔会在西方政界引发轰动。

直接投资很明显应该在投资控股公司的授权范围。那么，它们怎么适应储蓄基金和平准基金的风险-收益架构呢？这种战略的根据在于"千里之行，始于足下"的理念。阿布扎比投资局、中国投资公司、科威特投资局之类的SWFs长期在全球资本市场上进行投资，已经发展了自己的内部投资团队，这些团队有能力处理类似的复杂状况。不同寻常的是，在这些机构中，除了依赖资产管理部门，明确将战略资产配置瞄准投资大笔资产，还有一个需要技术与金融专业知识的专门投资部门，这个部门负责选择在上市和非上市公司中的战略性股权投资。例如，在新加坡政府投资公司中有三个投资团队：公开市场团队，负责处理公开上市证券的投资；房地产投资团队；专门投资团队，处理战略性投资（GIC，2011）。在中投公司中，投资和授权由四个投资部门管理：公开市场投资、战略性投资、私人市场投资和专门投资。其中专门投资部门执行和管理直接、长期、大规模的投资（Sekine，2011）。这些部门的主要目标是识别全球市场上任何暂时性的定价失误的机会，可能变成获得高于平均回报的机会（后来，我们的确认识到这是金融危机期间SWFs对西方银行数十亿美元投资背后的主要驱动力量）。

因此，SWF针对国内外上市、非上市公司的大规模直接投资要么被认为是与它们的政策授权完全一致的投资控股公司的唯一的、排他性的投资活动；要么是储蓄基金采用的众多投资方法的一部分。由于大规模直接投资受到了媒体关注并且引起西方世界的怀疑，现在我们对它作进一步详细了解。

3.2 在国内和全球市场上作为战略投资者的SWFs

SWFs针对上市公司和非上市公司的投资份额——仅占据SWFs资产的一小部分——在2000年到2010年之间增长迅速（图3-2）。根据Monitor-FEEM数据库①，SWFs公开报告的股权投资从2000年的约40亿美元增长到了2008年的1 090亿美元；它们的价值因全球金融危机在随后的两年里有所下降，但是在2010超过了500亿美元，超出2000年的12倍之多。

---

① 关于SWFs的直接股权投资数据较为罕见，这反映了许多问题。第一，我们将会在第7章讨论，虽然由于国际政治的压力SWFs的透明度在提高，但是一些最大的SWFs仍然没有披露它们投资的具体信息。第二，与一些私人股权基金相同，SWFs十分不情愿披露关于上市公司和非上市公司的直接投资信息，因为考虑到这类交易的价格敏感性，这一机密被看得十分重要。在关于SWFs直接投资的各种各样的研究中，本章的内容将主要建立在Monitor公司已开展工作的基础上，Monitor公司是一个战略咨询公司，这个公司从2008年开始提供公卅报道的关于SWFs直接投资的数据与分析。Monitor的数据库通过整合许多不同的信息资源建立起来，包括金融交易数据库（例如Bloomberg、SDC Platinum、Datamonitor和Datastream）、SWFs在其网站和年度报告中提供的信息、目标公司与合伙组织的新闻发布和类似于道·琼斯和路透社新闻专线的新闻报道。对这一方法论的详细描述见Monitor Group（2011）。

为什么SWFs的直接投资在2000年到2010年之间上升得如此显著？这些增长反映了更多的这类基金被它们的创办国政府用于非商业目的，就像西方政客有时所担心的一样，还是说明了它们就是被商业和金融原因所驱动？

当外汇储备剧增时，SWFs的直接投资的激增与SWFs控制的全部资产的增长是一致的（图3-2）。实际上，SWF直接投资的加速上升大约开始于2005年，当时外汇储备每年以超过5 000亿美元的数量增长。就像前面讨论的一样，直接投资是某类SWFs的主要投资活动，比如淡马锡、卡塔尔投资局；或者是已建立的中等规模但尚处于上升阶段的SWFs，如阿布扎比投资局、新加坡政府投资公司、科威特投资局和一些新的SWFs。涉足直接投资的SWFs公司数量在此期间越来越多，或者因为拥有大胆政策授权的新基金建立，或者因为现存基金改善了其进行这些操作的技术和金融业务。例如，卡塔尔投资局，它是直接投资市场最为活跃的机构之一，在2005年建立；利比亚投资局也是较为活跃的基金之一，建立于2006年；中国投资公司，其动辄数十亿美元的投资经常成为热点新闻，于2007年建立。有些历史上没有直接投资的SWFs最近也改变了态度。例如，阿塞拜疆共和国国家石油基金，于1999年建立，在2010年开始了第一次直接投资；挪威的全球政府养老基金也开始投资于房地产（见Aust-vik，2007）。

在2000年到2010年间以低通货膨胀率和史上超低利率为特征的金融环境占据主导地位，这种环境也有助于所谓的"逐利"活动，这是过去几年占主导地位的投资主题。创建SWFs是为了扩大外汇储备的收益，并且处于在过去十年占上风的一种极低名义收益的环境里，它们的发起政府为获取高收益承受着不断增大的政治压力，结果是导致了更加大胆的投资行为。

最后，SWF也应该考虑让直接投资跟上时代新潮流，即机构投资者如何管理它们的资产。大型机构投资者正在更多地采用一种称为"核心与外围"的投资方法。这个投资组合被分成了两个主要的部分：核心部分代表投资组合的大部分，主要包括具有固定收益的稳定、被动的投资，以及

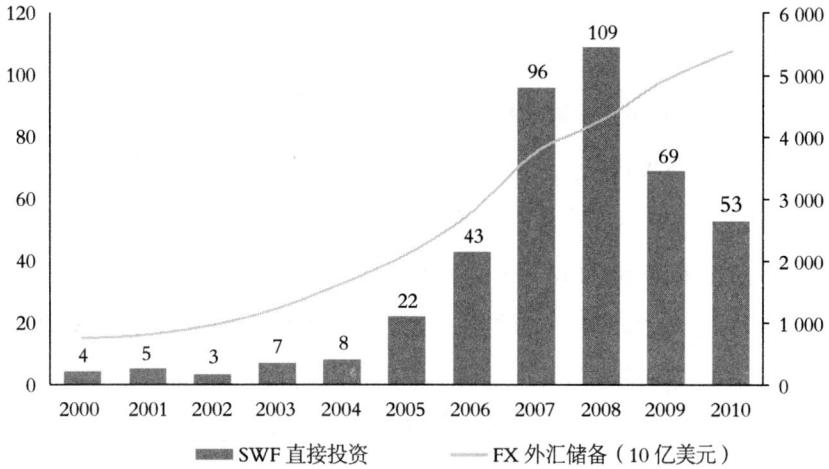

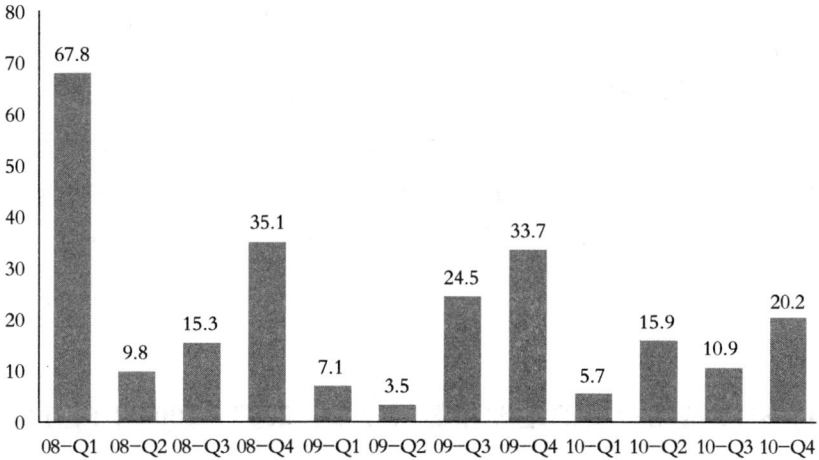

图3-2　2000—2010年SWF的投资（10亿美元）

Source:Monitor-FEEM-Transaction Database.

广泛暴露于市场风险中的股权证券投资。这些投资通常由内部控制，因此不需要向外部资产管理者付费。外围部分主要由折中投资构成，在一定程度上与全球金融市场无关，主要目标是针对于流动性溢价大的地区的长期回报投资。外围主要涉及更为复杂的战略、相关衍生品、结构性产品与私人股权投资。①

　　直接投资策略比被动投资策略具有更低的流动性、更大的风险，但是，因流动性溢价而具有更高的期望收益。当然，更高的收益并不总是能够实现。我们稍后将会讨论SWFs在金融危机期间对西方银行投资的情况就是如此。

　　而且，对于高风险结构性产品的投资可能会适得其反。例如，在金融危机期间利比亚投资局（LIA）所需要的头寸。维基解密基于2010年7月机密的利比亚投资局"管理信息报告"提出了一种极其深刻的资产配置观点，资产组合中60%以上的部分（除了LIA对于子公司的投资）是安全性高的现金和存款；大约6%的部分是评级较高的债券和外部管理的基金。大约60亿美元，相当于投资组合17%的部分，被投资于上市公司股权，这其中一半为策略性投资并且由大量的公司股权构成，比如意大利联合信贷银行、意大利石油公司埃尼集团（ENI）（在利比亚石油部门拥有战略利益）和其他的蓝筹股，如西门子（一个德国的制造商）。超过10%的资产被投资于外部管理的可替代产品，包括对冲基金、私人股权基金、结构性产品和股票衍生品。购买总值达13亿美元的此类股票衍生品，在金融危机后变得一钱不值。

3.3　SWF战略投资的地理和部门分布：2007—2008年西方金融市场的投资浪潮

　　SWF直接投资在2000年到2010年的激进行为紧跟全球经济的演进轨迹。关于SWFs活动的区域与部门分布表明，SWF直接投资决策受到以下因素的影响（图3-3）：

---

　　① 例如，一只大型的SWF,有报道称阿布扎比投资局将其超过60%的资产分配给指数跟踪策略。但是当一个有利的机会出现时它也会迅速抓住。比如，在金融危机期间将75亿美元投资于花旗银行。对花旗银行的投资可以被视为是外围组合投资的一部分，目标是抓住进军大型银行资本的鲜有机会。

（a）

（b）

（c）

（d）

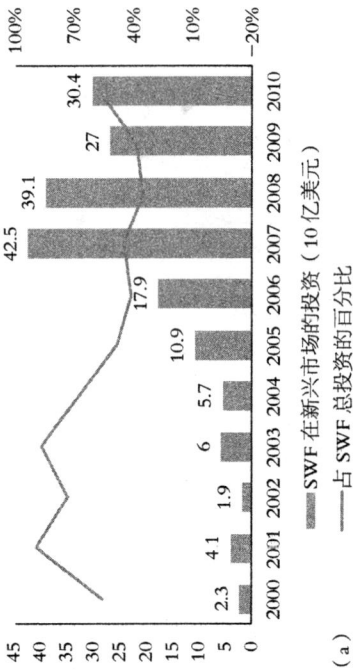

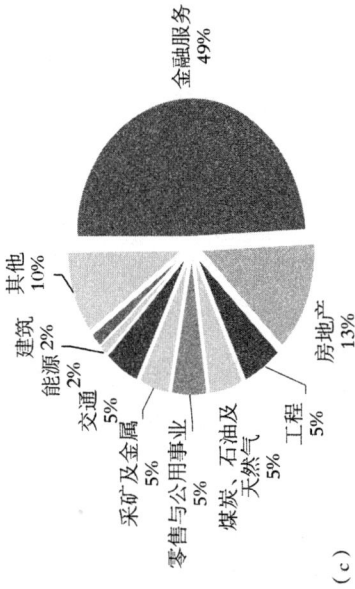

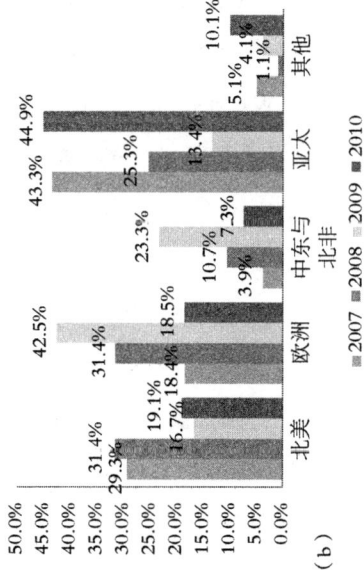

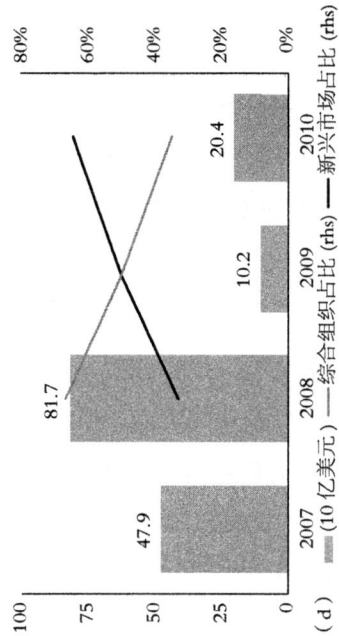

图3-3　SWF投资的区域与部门分布：（a）2000—2010年地理趋势；（b）2007—2010年区域趋势；
（c）部门趋势；（d）2007—2010年金融服务业投资

Source：Monitor-FEEM Transaction Database.

- 全球经济重心从发达国家向新兴市场转移；

- 21世纪第一个十年金融和房地产的繁荣以及随之而来的崩溃；

- 商品和能源部门的重要性上升。

SWFs大部分分布在新兴市场中，因此毫无疑问它倾向于投资此类经济体（一些SWFs的指导原则中也同时重视内部的投资）。例如，淡马锡的大部分投资就是在亚洲；穆巴达拉主要投资在阿联酋和其他的海湾国家；越南国家资本投资公司的资产组合完全是国内的；中国投资公司主要活跃在中国大陆。2000年到2005年，新兴市场占据了SWFs直接投资的大量份额，但是按绝对量计算仍然相对较小。2005年到2010年之间，SWFs的投资量激增，流向新兴市场的投资也迅猛增长。2007—2008年，新兴市场中投资绝对量的飙升与其在总投资中百分比的下降的矛盾可由2007—2008年金融危机期间对西方银行股份收购的飙升加以解释。

全球金融危机减缓了向新兴市场投资的趋势，因为对于全球金融市场展望的不确定性抑制了SWFs的风险偏好。然而，这种减缓似乎只是2009年到2010年回升前的一次短暂间歇。新兴市场——特别是亚洲和拉丁美洲——很快摆脱了大衰退，展现出了它们摆脱困境（decoupling）的能力，与此同时发达经济体为恢复危机前的增长步伐而苦苦挣扎。然而，金融危机改变的是SWF对新兴市场投资的地域分布。在金融危机之前，中东和南非地区经历了区域以外的SWFs投资浪潮，特别是亚洲的SWFs受到石油和房地产部门投资机会的吸引。蓬勃发展的迪拜是"阿拉伯复兴"的缩影：金融危机之前的年份里，大量的资本流入了这个小小的酋长国。金融危机后，中东与北非的SWFs的投资额急剧下降，这个区域内所发生的交易大都是各自政府为维持经济发展对当地SWFs施加压力的结果。中东与北非地区依然遭受着金融危机的不良影响，迪拜正奋力恢复到经济危机之前的状况。在"阿拉伯之春"之后持续混乱的政局和不确定的地区安全前景（特别是伊拉克和伊朗）是未来趋势逆转的强大阻力。

在亚太地区，不仅中国和印度，印度尼西亚、马来西亚、新加坡和越南也从金融危机中恢复过来，成为SWFs在绝对量与相对量上主要的直接投资目的地（占2010年SWFs直接投资总额的45%）。为了应对金融危机，SWFs对拉丁美洲、俄罗斯以及在表3-3（b）中被归入"其他"类别的所谓"边缘国家"的直接投资成倍增加。拉丁美洲，尤其是巴西似乎变成了SWFs直接投资最重要的接受国。在2010年，巴西大公司巴西石油的首次公开募股（IPO）的市值约为700亿美元，吸引了来自亚洲和中东地区SWFs的大量（但是未披露）投资，这为其他大型交易开辟了道路。例如中国投资公司、新加坡政府投资公司、阿布扎比投资公司在巴西百达（一家巴西投资银行）进行的10亿美元的投资。卡塔尔控股公司是卡塔尔投资局的子公司，为交换西班牙银行巴西子公司5%的股权对巴西桑坦德银行（西班牙国际银行）投资27亿美元。阿布扎比投资局在拉丁美洲的私募股权市场也很活跃（Santiso，2011）。非洲撒哈拉以南地区的边缘市场也在逐渐吸引着SWF资源，尤其是在农用地、手机、电信和采矿业。最近的例子有阿布扎比投资公司建立的一只基金、阿布扎比投资公司拥有的一个私有股份公司与日本SBI控股株式会社的合伙制、韩国投资公司的投资和阿塞拜疆共和国国家石油基金新近投资于国际金融公司的非洲、拉丁美洲和加勒比基金等。

SWFs的投资组合配置中，有两个部门在历史上占据了上风：金融服务和地位稍次的房地产。在房地产行业，历史最悠久的基金包括阿布扎比投资局、科威特投资局和新加坡政府投资公司，后者在20多年之前成立了一个专门的地产部门：低流动性、高风险，但与股票和债券市场关联性低，良好的收入流和优良特征使得它能够很好地抵御通胀，对于长期投资者（如SWFs）而言，房地产属于必选的天然资产和强有力的风险分散工具。当房地产价格在2003年到2007年上升时，SWFs对于这个行业的投资飞速上升，因为像利比亚投资局、卡塔尔投资局（但是像阿布扎比投资局、科威特投资局这些最被认可的基金相对投资较少，因为这些基金有更加健全的风险投资框架，所以避免把资金投向单一行业）之类的新SWFs

纷纷踏入房地产行业。在2007年，全球房地产泡沫处于顶峰时，110亿资金投向了房地产，其中大约占SWFs投资的12%。红火的英国和迪拜房地产部门是这场资本洪流的最大受益者：中东的SWFs在伦敦购置标志性地产成为热点新闻。房地产泡沫破裂后，SWFs对于房地产的投资大幅度下降：在2010年，仅有35亿美元，只相当于经济危机之前的1/4，不足全部SWFs投资的7%。2007年到2008年间把资金大量投入房地产尤其是伦敦和迪拜这样的热门地区的SWFs，可能在投资方面遭受了严重的损失。然而这并没有降低SWFs对于房地产投资的热情。在危机的余波中，中国和中东的SWFs被国际大都市中良性资产价格的松动所吸引。在2010年，中国投资公司买入了GGP（General Growth Property）7.4%的股权，这是美国商用房地产行业的地产开发商；卡塔尔投资局花费22亿美元购买了伦敦中心的标志性物产哈罗德商店的全部股份。这些活动增添了SWFs机会主义行为的证据，与其他长期机构投资者的行为没有分别。例如，大型养老基金最近重新进入房地产市场。

即使是2007年次贷危机爆发前，金融服务行业平均占据了SWFs直接投资的40%，是迄今为止吸引了SWFs直接投资最大份额的部门（Monitor Group & Fondazione Enrico Mattei，2009）。SWFs对金融行业的历史性"偏好"反映了一些问题。第一，在过去的几十年里，金融服务行业成绩非凡，因为它是全球化的最大受益者之一。由于许多国家对外国投资开放了市场并且国际贸易大幅增长，银行和资本市场的仲裁案例也急速上升。进一步看，贸易壁垒的拆除和放松管制也使金融服务成为向外国投资开放程度最大的部门之一。另一个导致SWFs惯于对金融业注入大量投资的原因是——尤其是亚洲SWFs——持有金融部门资产可能是获取海外投资机会的一个渠道。例如，被SWFs收购的大量私人股权和类似于黑石（Blackstone）、JC弗劳尔斯投资公司（JC Flowers）的可替代资产管理者以及美国GLG集团合作伙伴能够提供比其他竞争者更早接触高品质投资的机会。SWFs还努力从外部吸引人才来建立它们内部的专业团队。鉴于西方的压力，SWFs变得更加开放和透明，在金融危机期间，向美国和欧洲的银行提供金融支持也一直被一些SWFs视为一项聪明的公关活动。

然而，在2007年以前，上面的这些因素与金融业的平均盈利能力相比都显得无关紧要。次贷危机被认为向SWFs提供了一个潜在的有利可图的投资机会。当美国和欧洲的银行遭受的第一波损失在2007年之际显露以后，金融危机被期望仅限于一个特殊的相对小的资产类别之内，即次贷市场。在当时，当不良资产的价值减损和与信息披露的真正范围相关的合法不确定性导致资本陷入短缺时，银行多被视为正在经受暂时的流动性危机。然而，很少有分析家预料到次贷危机会演变成第二次世界大战以来最严重的金融危机，并且把全球经济推向大衰退。由于资产不断增加并且商品价格处于历史高位，来自亚洲和中东的投资者盯住了在这一熟悉的市场上寻求新资本的机会，并且愿意向流动性投资者提供有诱惑力的条件。①

《经济学人》杂志对英语圈国家挽救银行的努力作了一个生动的描述（可能并非纯粹虚构）："你的电话铃早上三点响了，这是一位充满绝望的高级银行家，一个身份不明呼吸沉重的人，财政部长也在此列。这是一生中的一个机会，银行家发誓：这是一个在大型的华尔街公司购买数十亿美元股权的机会。他顺便轻轻地补充道：有马上得到答案的机会吗？"② SWFs真的马上给出了答案：6个月内（2007年的最后一个季度到2008年的第一季度，见图3-4），SWFs大约投资了700亿美元用于调整在成熟经济体最大投资银行的资本，这个似是而非的数额远远大于由于新兴市场危机而反向流动的类似投资数额。在此期间，新加坡政府投资公司将超过300亿美元的资金投资于两家银行：瑞银集团和花旗集团；科威特投资局

---

① SWFs对西方银行的许多投资包含一些折价收购的股票，在有些交易中，在一定年限内基于投资的名义价值支付有固定利息率的红利，部分地限制了投资下滑的风险。

② Falling Knives: The Smart and the Not-so-Smart, The Economist, 10 December 2009.

向花旗和美林集团投资了60亿美元；淡马锡为美林集团投资了78亿美元；阿布扎比投资局向花旗投资了75亿美元；中国投资公司给摩根士丹利投资了50亿美元。

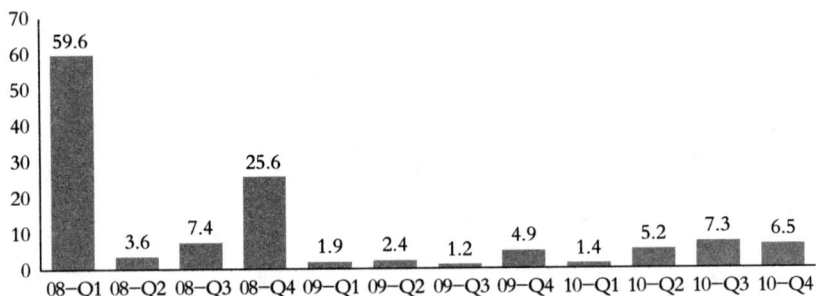

图3-4 SWF各季度对西方银行的投资流量（2008—2010年）

Source: Monitor Database.

一旦损失的程度确定以后，SWFs对于西方银行的投资热情就会降低。在接下来的几个季度里，进入经合组织国家的资金流开始下降；只有两笔投资值得一提（卡塔尔投资局向巴克莱银行投资35亿美元，淡马锡向美林额外投入了35亿美元）。在2008年最后一个季度——雷曼兄弟违约之后——在西方银行部门唯一活跃的SWF就是卡塔尔投资局，在瑞士信贷集团（Credit Suisse）和巴克莱银行又进行了两笔投资。毫不奇怪的是，在2010年，SWFs向濒临崩溃的西方金融业注入的直接投资总额从2008年的962亿美元下降到200亿美元。

一些SWFs因为投资损失受到了政府的严厉批评，这似乎涉及对这场危机严重程度的误判。

然而，马后炮是没用的，对于这些操作的评估并非简单。危机之初，人们的一个口头禅是金融机构的资产重组具有稳定效应并且会遏制危机的蔓延。另外，作为全球资本市场上的大型投资者，从西方银行部门的稳定中所获得的间接收益对SWFs意义重大。不过，当观察到如此多的资本涌入银行，积累了不当风险，导致了进一步的价值毁损时，这种看法也会被逆转。让这些机构破产、净化系统比注入新的资金使问题恶化来得更好。很清楚，我们将永远无法知道这两个看法哪一个是正确的，但是，这个例子说明事实如何否定了媒体的简单分析。

SWF对于金融服务行业事务的热爱从2010年末似乎逐步得以修复，但更多集中在新兴市场，它占据了总投资的60%，对从属部门进行了更加多样化的信息披露，比如私人股权、保险和资产管理部门（Monitor Group，2011）。

另外，SWFs也随着不断变化的环境调整它们的策略，在金融部门依旧处于扩张阶段（例如，巴西、中国和俄罗斯）、从属部门监管压力小、能够在中长期持续获得超额利润的国家大展拳脚。

多样化投资也涉及其他部门：制造业、自然资源、技术部门。例如，在2009年，SWFs利用史上极低的股价将170多亿美元投资于汽车行业，并且通过政府的金融输氧挽救了疲弱的美国汽车制造业。除了潜在有利可图的投资机会，领先的汽车公司还提供了接触一流技术和合伙经营新型合资企业的机会。例如，阿布扎比的阿巴尔投资公司（Aabar）（国际石油投资公司的子公司）对于德国汽车制造商戴姆勒公司的27亿美元投资就体现了这一基本原则。除了投资于一个世界高端的汽车制造公司以外，这个交易也为戴姆勒和阿巴尔投资公司之间的合作开辟了道路，它们在阿尔及利亚合作建立新工厂、在阿布扎比为电动汽车开发建立了合资企业并且创立了培训中心。卡塔尔投资局对大众公司近50亿美元的投资用以交换德国汽车制造商10%股份的背后依据的是纯粹的金融理论。卡塔尔投资局在大众公司投资的被动性质没有阻止多哈的SWF坐到德国公司监事会两个高管的位置上。

在大衰退时期，能源商品与采矿也吸引了不断增长的SWF投资。在2009年时，SWF在能源如煤炭、石油、天然气方面的投资由上年的10亿美元上升到了110多亿美元。在2010年其他投资进入了矿业、金属、能源的生产与传输，SWF投资的战略热点不仅转向主要大宗商品，而且也覆盖了整条价值链。例如，在2010年中投公司将17亿美元投资于煤炭、石油、天然气的开采上，特别是在北美地区，16亿美元投资于爱依斯电力公司（AES），这是一家发电和输电公司。在2011年，中投公司进一步拓展了在能源部门的投资，与法国苏伊士环能集团（GDF Suez）进行了合作，这家公司是全球最大的公用事业公司之一，主要经营汽油、电力、水与废水以及节能业务。中投公司和苏伊士环能集团签署了一个备忘录，进行跨行业、跨地区合作，特别是在亚太地区的合作。作为合作的第一个里程碑，中投公司将超过31.5亿美元的资金注入一家法国公司的勘探和生产部门，将8.5亿美元投资于在特立尼达和多巴哥的大西洋LNG液化工厂。

除了中投公司，过去几年，淡马锡和新加坡政府投资公司在南非（矿业）、加拿大（矿业）和俄罗斯（铝业）等国也特别活跃。SWF的激进行为并不局限于亚洲基金和传统能源部门。例如，在同一时期，科威特投资局投资于法国的核能源公司阿海珐集团（Areva）；穆巴达拉大量投资于可替代能源部门；最为出名的投资位于马斯达尔（Masdar），它是阿布扎比外围在建的一个"零排放"城市。

这种关于SWFs直接投资的区域与部门分布分析虽然冗长但是也具有启发性，因为它显现了SWFs行为的一些典型特征，可以总结为以下三点：

• SWFs投资于具有长期收益潜力的部门和区域，这与授权职责一致，金融危机之前集中于金融、房地产行业，然后是能源和大宗商品部门，随着全球经济中心的转移又投资于新兴市场国家。

• SWFs并没有回避将大的赌注压在不良资产（distressed assets）上，这主要取决于宏观经济与金融状况，就像危机期间投资于西方银行和汽车部门所反映的那样。

• 当考虑到那些市场的深度和多样化需求时，SWFs不可避免地要投资于发达经济体，SWFs正在加紧盯住具有最大长期发展潜能的地区，如东南亚、拉丁美洲和撒哈拉以南的非洲地区。

投资的部门和区域分布显示出了SWFs以及它们各自政府的任何非商业动机吗？我们分析的结果是SWFs投资背后的最主要动机就是获得由宏观经济和金融发展所决定的长期金融回报。从国际投资活动中体现出来的其他考虑和"战略利益"则起着次要作用。不幸的是这两个方面不能被严格分开。例如，中东地区的SWFs对汽车行业投资与亚洲的SWFs对能源和商品部门投资的近期波动就是个好例子。事实上，这些收购不但有很充分的金融依据（汽车公司股价低迷和能源、商品资产具有长期吸引力之时），而且还具有优先支持国家经济的直接或间接战略价值（依赖石油的阿布扎比对制造业的经济多样化考虑、中国和其他亚洲国家靠近能源和大宗商品源头的策略）。我们将会在第5章继续回到这个问题，在那里我们将会更深入地探讨对主办国政府而言地缘政治格局中SWFs所起的作用。

3.4　SWFs的投资绩效与金融危机的影响

SWFs政策授权上的不一致和投资风格的不同使得我们很难对它们一定时期的投资绩效做准确的评估。投资绩效是一个相对的概念，因为投资者在一个资产组合中获得的收益既可以用一个绝对标准来估算，又可以与一定基准进行比较。基准设定不是一门精确的科学，并且缺乏SWFs的基准信息也允许进行系统评估。根据SWFs国际工作组的一项调查，大多数SWFs有专门的投资目标，或者以绝对收益表示出来，或者相对于基准表示出来。大多数被调查者也认为投资绩效应根据相关指数和所完成的资产组合再平衡定期进行正规审查。许多SWFs确实有一个内部绩效评估框架，但是，也有一些新成立或者较小的SWFs除了有些模糊不清的长期金融投资回报目标之外，并没有定向的投资目标（IMF，2008a）。

金融危机对于大多数机构投资者也包括SWFs的风险框架提出了挑

战，就像我们在第4章深入解释的一样。

设计一个标准对于管理层和董事会来说是一种重要锻炼，原因有二：

- 将有助于根据时间框架和期望收益厘清投资策略目标；
- 可以加大决策制定者愿意承受的风险强度。

SWFs提供的最为常见的两类投资信息是关于它们战略资产配置和长期年收益的描述（从建立以来或是过去5年或10年）。虽然不允许对其投资信息进行系统评估，但是这两类信息能够使人们对SWFs风险概况和长期收益有广泛了解。这种最初以来的或长期（10年或20年）收益是长期投资储蓄基金的一个正确指标。

在储备投资公司和平准基金中，香港特别行政区货币局报告了其在外汇基金（包括财务支持和投资组合）自成立以来每年5.9%的历史长期收益（HKMA，2011）。智利社会和经济平准基金专门投资于固定收入股权，拥有年均6.1%的资产收益（智利财政部，2010）；东帝汶石油基金主要投资于固定收入和股权，有年均4.2%的收益（东帝汶石油基金，2011）。因此，在长期内，平准基金和储备投资公司的资产收益都在年均4%到6%之间徘徊。

储备基金和投资控股公司有更加多样化的投资配置和较长的投资期限；因此它们的预期投资回报更高。例如，挪威的SWF有一个传统的平衡资产配置（60%是股权投资，40%是固定收入投资，尽管最近在调整之中），最近报出了年均约5%的资产长期收益率（NBIM，2011）。拥有多样化资产配置的基金——包括可选择资产类别如私人股权、房地产、对冲基金和直接投资等等——一般报出了较高的收益；例如，新加坡政府投资公司宣布其资产的长期年均收益率在7%之上（GIC，2011）；阿布扎比投资局是另一只拥有极端多样化资产配置的SWF，报告显示其长期年均收益在8%左右（ADIA，2010）；阿拉斯加永久基金的长期平均年收益也接近9%（但是在2010年之前的5年里年均收益只有3.7%；阿拉斯加永久基金，2011）。中投公司——尽管只有3年的短期记录——自从2007年成立以来平均年收益达到6.4%（CIC，2011）。关于投资控股公司，淡马锡公布了自成立以来年化综合收益率在17%，可谓成绩斐然（Temasek，2011）。国库控股有限公司报出长期年均收益约为10%（Khazanah，2010）。考虑到淡马锡也投资于海外市场，而国库控股有限公司几乎只在国内投资，二者表现不同也是相当合理的。遗憾的是，卡塔尔投资局和穆巴达拉公司——这两大中东地区最为活跃的投资控股公司——并没有提供关于长期投资业绩的详细信息，所以我们无法对亚洲和中东的投资控股公司进行比较。

对于储备投资公司和平准基金，考虑到它们对流动性和资本保全的偏好，尤其当考虑到2000年到2010年之间低通货膨胀率和低收益率时，5%以上的年均收益看起来是合理的。但是对于投资相当自由以及可投资于较低流动性资产的储备基金而言，年均7%的长期收益是否合宜？

对于多样性投资的机构如储备基金和更一般的FWFs，要评估它们的业绩，必须与股票市场指数进行比较，它将是测度资本机会成本的可行性指标。在1980年到2010年之间，全球股权市场提供了6%左右的年均名义收益（MSCI Word）。然而，在2000年到2010年，收益基本降为0，反映了这个10年之间科技泡沫破裂和2007年到2008年金融危机的影响。鉴于它们的深度与流动性以及对多样化投资的需求，储蓄基金在传统上保持着对全球股权市场尤其是发达经济体的大量信息披露。7%的长期绩效——被认为是全球股市和缺少杠杆化的SWFs的近期收益水平——总体而言是十分合理的。那些投资于多样性可选择类别资产的SWFs似乎能够更好地利用额外的阿尔法源（sources of alpha）来补偿不佳的股权收益也在情理之中。就此而言，挪威的政府全球养老基金最近决定调整它们的战略资产配置，将房地产包括进来并不令人惊奇。

由于投资控股公司主要是由政府拥有的私人股权公司，收益也被期望接近于私人股权基金。因为这些基金的资产组合涵盖了上市和非上市公司更为宽泛的资产范围，跨越许多部门，拥有更为广泛的地域多样性，绩效评估受到主观评价的困扰。另外，在熊市期间，投资绩效会受到清算投资困难的负面影响。换句话说，在最初的年份，收益微薄且起伏不定，并因为缺乏会计准则而产生某些问题，因此与共同基金和养老基金等相比对其评估更加困难。

这类困扰也会影响到风险资本和私人股权基金，所以说并不是SWFs才有这些问题，但是这里有专业性公司开发的现成指数，如汤姆森金融管理公司、Prequin或标准普尔所属的风险经济学专业公司。例如，由标准普尔提供的私人股权绩效指数（PEPI）显示，超过20年的年均收益为10.9%，2000年到2010年期间的年均收益为3.7%。

考虑到它们的长期投资期限，SWFs的长期投资绩效是一个重要的指示器。然而，短期投资的年度绩效不可避免地会受到SWFs主管机构的严格盘查，如国会、财政部或者中央银行等等。像全球市场其他的任何大投资者一样，金融危机也重创了SWFs的资产组合。但是老牌的SWFs已经经历了多个时期的资产价格下降，对于大多数在2000年到2010年建立的SWFs，在史无前例的金融与经济的低迷期，2007年到2008年金融危机是对基金管理的首次真正检验。根据经合组织的报告，2008年养老基金平均名义年收益为−21.4%（OECD，2010）；考虑到储蓄基金对于股权投资总体更高的信息披露要求，储蓄基金的平均损失等于或者大于养老基金是合情合理的。有些SWFs，例如养老基金和保本基金也投向可选择资产类别，尽管它们被断言与股权价格具有较低的相关性，这些资产的价格在金融危机期间严重下挫。这些损失中的大部分在2009年得以弥补，因为全世界的股票市场经历了过去几十年来的最大牛市之一。资产价格的恢复持续到2010年，但与前一年相比步幅较缓。然后在2011年春天停止上涨，又在年底之前迅速折返。这实际上也说明SWFs并没有明显改善它们的股权信息披露以应对2008年的损失；归根结底，这似乎是大多数坚持长期投资战略的SWFs的通病。

在这次极端的金融遇险期，对SWFs平均绩效一个靠谱的粗略估算是经合组织在"公共养老储备基金"（PPRFs）中提供的数据，它包括了一些SWFs，如澳大利亚未来基金、爱尔兰国家养老储备基金（NPRF）和挪威的全球政府养老基金。公共养老储备基金在2008年到2010年的平均名义年收益率是4.4%（按实际值计算是2.6%），与长期绩效相比水平较低，但是考虑到金融危机及其引发的衰退的程度，这个收益也相当可观。

关于SWFs的战略投资，从起初到2009年3月（股价的低谷期）其投资于上市公司股权的总值达到了1 260亿美元，这些SWFs遭受了很大的账面损失，总量达到570亿美元，所对应的调整后收益率在−47%左右（Monitor Group，2010）。这些损失的大部分实际发生在一连串的投资上，这关系到对西方银行的资本注入：对西方银行进行直接投资的10只最大的SWFs损失了大约410亿美元，相当于它们初始价值的70%多。股票价格的回升部分地降低了这种损失，但是SWFs对西方银行的大量投资长期亏损。不过，最重要的是摩立特集团的分析显示，SWF直接投资的长期平均收益总体上还是正数。两年期的SWF投资的平均收益高于40%，这引发了事后更为激烈的争论：2007年到2008年SWFs对西方银行的投资不像它们所期望的那么成功。

3.5 SWFs的显性和隐性负债

在新闻中，SWFs给人们留下的一个普遍印象是资产负债表中没有负债的长期投资者。很大程度上，这在广义上是正确的，这的确也是在机构投资者中SWFs与众不同的原因。然而，就像我们本书中一惯讨论的一样，SWFs是一个非均质的投资者群体，它们的负债也是如此（Rozanov，2007）。对于任何的投资者，不论是个人投资者还是机构投资者，对负债多少的界定是设计和确立投资过程的基本步骤。对于传统基金——养老基金和保险公司——负债等同于一定的信心（例如，对于养老基金来说，基金参与者的年龄信息，预期养老基金支付和寿命预期可能成为未来基金支付的决定因素）。对于 SWFs 来说，考虑到政策授权的异质性和各自经济的不同特点，对其负债的界定更为复杂，但仍是了解它们投资行为的基础。一些隐性负债可能会对投资行为产生巨大的影响，尤其是经济下行期和金融遇险期。

平准基金（见表 3-1）有或有负债；在汇率和商品价格波动时来弥补政府收益的缺口。例如，在智利，经济与社会平准基金（ESSF）被纳入更广泛的国家财政管理中，根据界定清楚的提取政策与长期结构性财政政策，经济与社会平准基金可以用来为财政融资或者是偿付公债。由于这种显性的财政负债，平准基金保持着类似于外汇储备的流动性特征。例如，在俄罗斯，储备基金存入俄罗斯联邦中央银行中，它在财政部的指导下充当操作管理者的角色。储备基金被用于缓冲预算抵御油价的影响，通常被投资于流动性强的资产，大多数是 AAA 级的主权证券。

主权养老储备基金，例如澳大利亚的未来基金和爱尔兰的国家养老储备基金有固定的负债，在合约上构成了既定的、可测度的责任。按照基金的投资方式，与平准基金相比它们有较高的自由度。但是当它们要履行其契约责任时自由度会降低。当它们有一些合约规定的偿付责任时，储蓄基金存在混合性负债，但拥有更长期的投资期限（一般不会少于 10 年）和更广泛的投资选择范围。投资控股公司有无限额负债以及非合约限定的临时或最终偿付责任。因此，这些基金在投资战略上具有高度的灵活性，为满足政策目标和获取长期收益可以接受较低的甚至是负的收益。

除了明确纳入政策授权的显性负债，SWFs 面对的负债范围更广，并且可能包括对私人部门和紧急状况的隐性担保。很显然，基金以政府的怀抱作为藏身之所是一种难以抵御的诱惑，特别是在经济艰难时期和迫在眉睫的选举期。

最为著名的例子是爱尔兰国家养老储备基金（NPRF）：2001 年通过

法定授权建立，来自这个机构的基金在 2025 年之前不能被使用，所以爱尔兰社会福利和公众服务养老系统的承诺可以一直持续到 2055 年。然而，爱尔兰政府在 2009 年修订了这项规则，并且使用 70 亿欧元即所有的现金余额和部分主权债券控股来为状况不佳的银行系统注入资本。另外的 37 亿欧元于 2010 年 11 月被用于另一个紧急救助项目的一部分。从本质来讲，基金目标完全是为应急而改变方向，但是很清楚，目前并未达到原本的目标。换句话说，未来养老基金已经习惯于帮助银行走出困境。

爱尔兰并不是唯一一动用主权基金来挽救经济的国家，尽管它可能是第一个改变授权来做这些事情的国家。科威特投资局和俄罗斯国家福利基金已经被财政部要求帮助在国内经济中陷入麻烦的银行和公司脱离困境。在政府下达指令的挽救计划下，科威特投资局已经收购了苦苦挣扎的海湾银行 16% 的股权来帮助公司增加了 3 750 万科威特第纳尔（合 13 亿美元）的应急基金，①在当年的前 4 个月给一个专用基金注入了约 4 000 万科威特第纳尔（约合 14 亿美元）来支持当地的股票市场。②在阿拉伯海湾地区卡塔尔投资局也插手支持国内银行部门。在俄罗斯，政府用国家福利基金——一个准备投资于海外造福于子孙后代的基金池——在危机深重时支持国内股票市场。哈萨克斯坦国民财富基金也用政府调拨的 90 亿美元来帮助受信用危机重创的国内金融部门脱困（Reuter，2010）。

所有这些场景都出现在经济危机期间，任何附属于国家的金融实体——中央银行、SWF、养老基金或者公共公司——都变成了替代工具（Bodie and Briere，2011）。没有简单的方法来避免公共基金为短期目标改变方向。改变基金目标的可能在于符合宪法或经绝大多数人同意。但是，

---

① Gulf Bank Statement of the Board of Directors，18 November 2008.

② Kuwait Pumps 1.4bn in Kuwait Bourse：Report，Emirates 24/7，27 April 2009.

在金融困难时期，只要对这种活动有足够的政治支持，任何法律都能被改变，包括宪法。

3.6 长期投资：SWFs作为终极的风险承担者

几乎没有资产管理者能够抵御这种诱惑，当它们在公开场合或对它们的客户作出说明时，它们声称自己是长期投资者，几乎没有人承认它们专注于短期目标。然而，当被逼问长期投资的确切含义时，可能就是它们将提供一份拥有长期潜力或安全资产的可选择公司的简介。长期投资战略和传统机构投资者的投资战略有何不同呢？SWFs实际上会接受长期投资战略吗？

长期投资最显著的优势是能够承受更大的市场风险，也就是说在风险资产的价格剧烈波动时期，拥有极长投资期限的基金既可以在短期内承受损失，又可以坚持长期投资战略。情况并非总是如此：SWFs管理的财富的主权性质可以被理解为是一种国有资本储备，对政客们来说理解这一点并不容易，他们通常不熟悉金融市场问题，无论理由是否正当，他们大都会接受沉重的资本损失。根据主权财富基金国际论坛的说法，"存在一些对基金撤出和针对动荡期短期绩效施压的证据，这会对长期投资战略带来挑战"（IFSWF，2011）。的确在市场动荡期，SWFs常常面临很大的政治压力。例如，在2000年初，在股票价格严重下跌之后，挪威全球政府养老基金因为几年前作出的增强其持有股权的信息披露的决定而遭到批评。不过，多亏了它的高透明度以及与政策制定者的定期交流，全球政府养老基金的管理才能顶住压力没有改变股权信息披露的做法，尽管互联网泡沫的破裂带来了损失。在政治压力之下，基金对股权信息披露的最终改变就后市回升的价格而言付出了昂贵的代价。对SWFs短期绩效的政治压力不仅局限于透明度较高的发达经济体。在中投公司2010年的年度报告中，中国政府提出了一个 10 年的投资期限和一个滚动的 10 年年化收益作为衡量投资业绩的重要指标，但是"仍然监控年度资产组合收益"（CIC，2011）。

长期投资的一个明显优势就是投资于低流动性资产的可能性，例如私人股权、房地产、基础设施或者其他的可替代资产。SWFs——尤其是储蓄基金和投资控股公司——的确身处资产类别相对高配的投资机构之中。然而，它们对这些资产类别的信息披露要低于其他的长期机构投资者，例如家族理财室、保本基金、基金会，长期投资者的非流动资产占到总资产的 35%（Monk，2011），这里传递的信号是：SWFs 尽管有较长的投资期限，但是对流动性有更高的偏好。

一个长期策略应该致力于长期的增长（进而长期投资收益）。长期总体的经济增长主要依赖于三个因素：物质资本、人力资本和技术进步。物质资本是机器、房地产和基础设施的总和，同时人力资本包括人口数量、健康状况和教育水平。另外还有一个难以估算的因素，即经济学家所称的全要素生产率，它与上述因素、公共部门的胜任程度和法律体系的品质的有效组合相关。

准确预测长期增长的前景是很困难的，并且经常会带来误导，即使是基于合乎情理的假设和理论。例如，在 20 世纪 60 年代一些研究对菲律宾与韩国、日本以及其他亚洲国家（地区）的长期发展前景进行比较，得出的结论是菲律宾比其他国家（地区）更有条件实现更好的经济绩效。这种争论依赖的要素是土地肥沃程度、自然资源禀赋、英语技能和稳定性等（韩国正从灾难与战乱中恢复）。在 1960 年，人口老龄化程度高出 10 年，72% 的人口受过教育，与新加坡、韩国和中国香港接近，优于马来西亚和印度尼西亚。在 20 世纪 60 年代中期，菲律宾的国内储蓄率已经高于25%，这个水平可与第一代"奇迹经济体"的储蓄率媲美。与美国签订的各种协议给菲律宾人提供了进入美国市场的优越条件，并且创造了一个宽松的政治环境，使菲律宾成为美国对外投资最喜欢的目的地。菲律宾还拥有一个发展完善的工业部门、远高于韩国的 GDP 份额（28%）和一个繁荣的服务业（GDP 的 46%）。然而，在接下来的 30 年里菲律宾经济与东南亚几乎所有处于同一水平的国家（地区）相比，其发展要缓慢很多。当中国台湾、韩国和新加坡更别说日本和中国香港都或迟或早地进入了起飞的轨道时，菲律宾则表现欠佳。

为了寻求长期投资机会，投资者可以使用一系列指标对国家进行排序，包括人口、基础设施、教育水平、商业环境和健康体系等。实际上，有一个小型行业专门服务于这项任务，结果是，一系列的指标作为一定变量和（或）排名的加权（甚至简单）平均数被设计出来。最为著名的就是世界经济论坛每年的排名，这个论坛是一个瑞士智库，由世界银行主办。这个报告亮出的观点认为长期增长（进而长期投资收益）在 21 世纪的前半段将会由拥有健全的、商业友好环境的新兴市场经济体的人口优势所推动，这个环境意味着稳定的宏观经济状况、健全的法律框架、经济自由和金融开放等。同时，技术和创新将会是成熟市场经济体推动经济增长的关键因素。一般来说，在新兴市场中，东亚迅速追赶，在世界人口趋于稳定之前，非洲是赶上最后一波人口红利的地区。在发达国家，澳大利亚、新加坡、挪威、瑞典、韩国具有良好的发展前景。在欧洲，只有波罗的海国家（拉脱维亚和爱沙尼亚）和土耳其胜出；北美和南美并不引人注目，同时，西欧也正面临着人丁不旺、科技能力平庸和财政管理不善的困境。

是否有证据表明，SWFs 与其他机构投资者的不同之处在于根据"长期经济价值而不是短期金融价值进行投资"？就像我们之前所讨论的一样，至少在直接投资方面，SWFs 似乎更倾向于拥有长期增长潜力的地区或国家。在 2010 年，大约一半的直接股权投资落入新兴市场，亚洲几乎获取了其中的半数，并且有越来越多的投资策略开始关注非洲国家。纯粹投资于上市公司股权的金融投资对新兴市场的投入相对高于其他机构投资，比如养老基金。后者大量的资产还是投资于成熟经济体，这反映了股票与债券市场的深度与流动性问题，也反映了良好的长期经济增长前景和资本长期高收益协调一致的主要障碍：有长期经济增长潜力的地区缺乏足够的投资机会，因为金融市场欠发达，缺乏严谨的法律框架，对国外投资者的保护不力，或者说对外国投资缺乏足够的开放度（印度就是一个典型的例子）。进一步而言，虽然新兴市场由于增长可能会与发达国家剥离开来，就像它们在上一次经济衰退中所表现出的韧性一样，但是，新兴和发达经济体中上市证券之间具有很高的相关性，并且由于经济的全球化，这种关联度也在不断上升。这也解释了为什么SWFs会将直接投资更多转向新兴市场国家：在过去几年里，由于市场关联问题，全球股票市场具有平衡性质的投资多样性的范围一直在降低。

那些由长期基本收益而不是短期收益驱动的SWFs，投资的部门往往是绿色技术和基础设施类部门。亚洲和中东地区的SWFs在绿色技术革命领域变得日益活跃。例如，2010年挪威全球政府养老基金对环境投资的规模增加了大约50亿美元（NBIM，2011）；中国投资公司在太阳能与风能领域异常活跃（Behrendt，2011）；穆巴达拉公司将数十亿美元注入马斯达尔城。[1]SWFs在绿色经济中的投资不仅为全球处于下滑状态下的石油经济提供了保护，而且支持了所代理政府的战略性目标。例如，"持续性-增进"这一投资路径的采用，比如穆巴达拉公司对于马斯达尔的投资要满足两个长期的目标：

• 当全球经济都在支持碳减排政策和石油储藏减少时，降低国内经济对石油的依赖性；

• 为发展经济、创造就业机会提供新的国内源泉。

实际上，马斯达尔首创精神非常符合在"阿布扎比经济视野2030"

---

① 马斯达尔致力于建设世界上第一个碳中性、零污染的城市,全部由新型能源提供动力(Castelli,2010)不过,这个项目的规模已经明显缩小并且实施落后于计划。

上提出的多样化议程，它是由酋长国政府为指导经济可持续发展而创造出的长期路线图。在中国，投资于太阳能和风能领域不但是为了应对减少碳排放的国际压力，而且也为国家提供了行业竞争力，作为气候变化的重要国际议程，这个行业正在作为重要的盈利来源崭露头角。中国人对绿色技术的重视应该置于2006年"国家科技发展中长期规划"的背景下进行考察，这是一个到2020年把中国变为技术强国的宏伟蓝图。当2010—2020年绿色技术部门仍处于起步阶段并且SWFs的投资相对较小时，SWFs积累的巨大财富将成为"绿色革命"的推动力。

关于基础设施投资，根据麦肯锡全球研究院统计，相对于GDP而言，新兴市场在基础设施方面的投资超过了成熟经济体的两倍：在2008年，中国和印度两国在新基础设施上的投资都高于5 000亿美元，几乎相当于西欧全部的投资额（麦肯锡全球研究院，2010）。

第4章　SWFs的风险管理

对于大多数的从业者以及几乎所有的监管者来说，2008年秋天濒临崩溃的金融市场带来了一种冲击，因为他们确信他们所依赖的完美模型可以精确地捕捉到暴露出的风险，并且可以提供混乱即将到来的早期信号。他们确信构想出来的公式以及偏微分方程的复杂数值解是对现实的准确描述。他们确信在有限置信区间里对资产价格包括那些衍生品合约之间的稳定相关系数进行了可靠的估计，尽管设计它们的律师（或计量经济学家）甚至都不知道这些条款可能产生的后果。综上所述，他们理所当然地认为将一个错综复杂的结构性产品评定为AAA级，真的意味着这些产品距离违约的风险与美国或德国的主权违约风险一样遥远。①

这种关于安全的错误认知像坏疽一样传播到交易场所、审计人员以及会议室中，这些地方并不讨厌对这些美好愿景理论基础的假定或者检验的挑战。然而他们更乐于默默地点头并祝贺高层管理者在另一个季度实现预期利润而得到丰厚的薪水。悲哀的是，即便是在事后看来，这也是正确的选择。因为经验证明，最终几乎没有人被追究责任，追责行动甚至从未开始。发生此类事情并不令人大惊小怪，这些人所获的丰厚报酬和红利依然如故，除了

---

① 在所有接受评级的证券中，2008—2009年危机期间被评级为AAA级的证券由于违约而遭受了最为频繁也最为严重的损失。

雷曼兄弟的某些高管丢掉了工作（但并未受到任何处罚并且正在享用他们累积的大量财富），很少再有人承担任何的后果甚至质疑。出于现实的目的，金融市场的崩溃已经被当局视为一种自然灾难。它被归咎于多年来过低的利率水平、监管松懈、评级机构的利益冲突、糟糕的信贷标准、银行和其他中介的鲁莽行为以及保险公司和资产管理者承担风险的低能。国际金融构架中许多根深蒂固的缺陷以及发达经济体所采用的监管框架中的漏洞已经暴露出来。私人机构比如评级机构受托努力使交易透明化，并且提供及时和准确的信息，却误导投资者追求短期利益。简单地说，董事会、风险管理者以及监管者误导了投资者，却在被授予免责权后摆脱困境。

顺便说一下，当危机之前所有的忧虑都聚焦在对冲基金和投机资金上时，地震却发生于最为迟钝的金融媒介上：商业银行和信用社。①

参与了美国和英国主要银行资本重组的SWFs是多种因素交织在一起的主要受害者之一（见第3章），这种混合因素包括对承担的风险麻木无知、欺骗行为、不慎重的监管。因为它们中的许多缺少一个强有力风险管理单位，即这个单位可以监督宏观经济风险、流动性短缺以及西方银行业正在出现的裂痕。

相当数量的SWFs没有任何部门或人员负责宏观经济的分析和预测。管理、资产管理者和战略家往往依赖存在利益冲突的商业银行和投资银行所提供的投入。金融分析家们往往是书本知识多于实际经验。在不知道表外头寸并且忽视压力测试（stress test）或者至少没有一个更为严格的评估模型时，他们仅仅通过一大堆财务指标分析目标公司的资产负债表（ROE，ROI，EBITDA等），不懂得表外头寸、压力测试以及至少更严格的估价模型。他们不了解银行运营的监管框架、衍生品处理的

---

① 从事预知科学研究的Simmon Johnson是当时IMF的首席经济学家，他在2007年IMF调查中写道：管理对冲基金的应急方法不是监管它们，而是管理将钱借给它们的监管中介(商业与投资银行)，在允许金融创新与承担风险时，这个理念保护了金融系统的核心。

知识，并且仅仅对全球宏观经济状况有一个粗略的了解。简而言之，SWFs的运营是新手上路，它们更像一个怀旧的小家庭作坊而不是前瞻性的金融机构。

它们被（通常是不可信的）资产负债表的财务分析所描述的宏观经济状况所误导，而这些资产负债表与宏观经济即将到来的阴霾大相径庭。更糟糕的是，宏观经济分析被隐瞒银行杠杆率的虚假会计核算所扭曲，这是由影子银行系统以及困扰贝尔斯登、雷曼兄弟和很多其他大型金融机构的短期负债和长期风险资产的不平衡所造成的。

影子银行源自于一种合约混乱和头寸失衡的状态，它处于存款机构、投资银行和债券基金的监管范围之外。它失控的原因在于处于监管者的视野之外，成为最阴暗操作行为的滋生地。据确切估计，美国30%以上的资产都没有记录在资产负债表内。然而监管者似乎很乐意去忽略这一领域并且仅仅把他们的职责限定在政府已经规定好的条框内。所以，时至今日，关于不良资产的可用数据都是有限的。即便是在金融危机之后，控制这种现象的努力也是力不从心。①

从1994年墨西哥金融危机开始，一个专业的风险管理函数或许已经给SWF的投资委员会敲响警钟：尽管或者也许因为有一个被更严重的总体风险所驱动的盈利率，金融部门日益脆弱，并且对于那些确信20世纪90年代的危机主要局限于新兴经济体的人而言，长期资本管理公司（LTCM）债务违约的教训似乎应该为全球金融市场摇摇欲坠的基石提出了一个警示。②2008年到2009年期间新兴市场反而更好地抵御了冲击，而

---

① 由于监管者一直不履行他们的责任，一旦发生系统性危机而没有政府的强势介入，市场参与者没有信心确保获得流动性。在2011年1月，欧洲委员会扩展了欧洲金融平准基金对银行系统的支持，而未将银行系统置于泛欧监管机构之下。简而言之，国家监管机构有淡化银行资产风险的激励，因为它们知道一旦发生麻烦，损失将被社会化。

② 对20世纪90年代的亚洲金融危机和次贷危机进行比较，可以确定它们有着一个共同的背景，即丰富的流动性、过度和轻率的信贷扩张。

这多亏了银行业监管的改进、更高的银行资本化水平以及不良贷款的缩减。新兴市场的大多数信贷机构没有大规模的表外项目，并且它们对结构性产品、抵押债务证券（CDOs）或资产支持证券（ABS）进行有限度的信息披露。在很多情况下，外围经济体（除阿根廷、冰岛、波罗的海国家、乌克兰和南非之外）已经从系统不稳定的潜在来源转变成安全天堂。

但是，由于无法阐明世界经济真实的危险状况、全球失衡的不可持续的发展状态以及主要市场的金融监管缺位，SWFs的管理主要依赖于搅动全球经济热点的外部评价和预测，几乎没有SWFs接触或关注高水准的独立研究，并且它们对宏观经济状况分析的所谓尽职尽责的过程在许多情况下都是经不起推敲的。

按照大拇指规则，一个资产管理人员的花费大约是资产管理规模的1%左右。因此一只500亿美元资产规模的SWF可能要拿出5亿美元来支付这笔费用。即便只将这笔数额的1/10用于研究、信息搜集以及风险管理上，也能够建立起一个世界级的、足以与那些重要银行和国际机构相匹敌的风险管理功能。将钱用于弥补在不合规则领域从事探索性活动所带来的适度损失上更加适得其所。较小的SWFs可以将资源投资到来自同一国家或同一地域的对等机构中，为经济研究提供资金（而这将可以为政府的经济政策提供有价值的信息）。

在这一章中我们将接触到关于金融市场中广义的风险管理以及21世纪地缘政治学的关键问题。在我们开始研究SWFs风险管理的具体问题之前，我们需要做以下设定：

（1）大衰退的根源、后果及其"新常态"，也就是说尘埃落定后的10年里经济运行的环境。

（2）金融市场风险的性质以及它与从业者所推崇的理念有何不同。

其他章节介绍了一些技术性的问题，还有那些只对与SWFs运营及其地缘政治作用感兴趣的人所忽略的问题。

4.1 危机的回顾

2008年秋天金融市场的崩盘有一个很长的发酵时间。它的根源可以追溯到21世纪初的互联网泡沫。信息技术的进步辅以互联网的扩展，使得美国技术部门也就是人们日常所说的网络公司出现投资过度的问题。几乎全世界所有的免费资本都流向硅谷和华尔街，导致了美国经济增长、投资、消费以及财富的急剧攀升。不幸的是，零成本得到的资源往往会被无效率地使用，金融资本也不例外。当泡沫破裂的时候，伴随着生活水平不可避免的下降，美国政府并没有开启有序重整经济的理念，从而将经济维持在可持续发展的水平上（也就是说是可以和长期增长模式相协调的水平，而非被一时的狂热推升的虚假繁荣）并且恢复储蓄率。

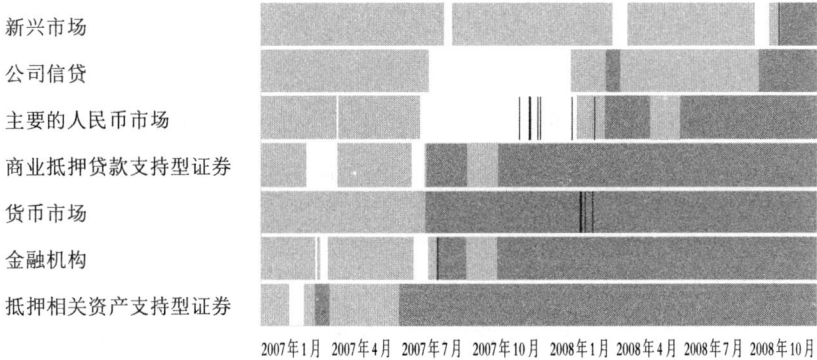

| 新兴市场 |
| 公司信贷 |
| 主要的人民币市场 |
| 商业抵押贷款支持型证券 |
| 货币市场 |
| 金融机构 |
| 抵押相关资产支持型证券 |

2007年1月　2007年4月　2007年7月　2007年10月　2008年1月　2008年4月　2008年7月　2008年10月

图4-1　全球金融市场的传染效应（阴影区表示有较大的波动性）

Source：IMF.

然而，它们也并没有冷眼旁观，而是以低税收和家庭高负债拉升私人消费，取代对私人投资的刺激。美国政府的这一政策反应得到了美联储的支持，它将利率维持在过低的水平上，引发了不正常的私人债务水平和所有金融机构的高杠杆率。本质上，在21世纪初期，当企业部门都在试图消除过多的债务时，家庭部门却被迫提高消费水平和本已膨胀的负债（住房净值贷款和抵押再融资）。由于大幅度的减税和阿富汗、伊拉克战争引发的庞大军费支出，美国政府的预算赤字扶摇直上。在2001年之前，激烈的政策争论都聚焦在如何使用预算盈余上（例如为社会保障提供资金）；几个月之后美国的公共财政却陷入赤字的泥淖中，这只不过是10年后财政赤字泥足深陷的前奏。这其中的关键因素就是对"9·11"事件的反应以及美国总统选举问题的优先性，这一优先事务是关于美国最高法院签署的具有争议的总统当选的合法性问题。虽然美国正在遭受着打击，但它却企图去重申自己在全球的主导地位，所以流动性以及公共支出的闸口一直很松。美国假设消费者是世界经济最后可以依赖的群体，因此，它的经常账户赤字和外债像气球一样迅速膨胀。在这个背景下，不能不指出以下因素对于日益严重的全球经济失衡负有责任：欧洲央行维持高利率削弱了经济增长的基础；日本、德国的重商主义态度，使它们严重依赖出口拉动经济增长，抑制国内需求。

为了在低利率环境下提高利润，金融系统在长达5年的时间里增大了杠杆比率、风险度以及不透明性。2007年压力最初出现在次级抵押贷款部门，随后便不可遏止地蔓延开来（表4-1的数据说明了系统资产类别随时间的波动）。

一个去杠杆化信息披露的平衡法案于2007年夏天艰难出炉，但它并没有渗透进市场，同时，银行高管们的不安情绪与日俱增。当华尔街最著名的投资银行之一贝尔斯登在2008年7月勉强从债务违约风险中被拯救出来时（尽管投资者损失了股权），这种状况的严重程度愈演愈烈。

交易场所和会议室中充斥着下一次偶发事件的谣言，保险公司的资产负债表中是否也隐藏着所谓的不良资产？IMF估计美国暴露出来的总体损失达到 6 000 亿美元，这不禁让人质疑许多系统性银行的偿付能力，即便是一直以来最安全的银行间同业拆借市场也是如此，交易对手的合约风险成为恐慌的主要来源。在 2008 年 9 月的第 1 周，美国财政部部长保尔森宣布了房利美和房地美的国有化，这两家准私有股份公司对一半未能偿付的抵押贷款进行了担保，并且实现了未经其功能验证的一定程度的杠杆化，这在很大程度上归咎于通过慷慨的竞选捐款所收获的政治影响力。在影子银行系统，迅速膨胀的流动性蒸发了，被迫廉价出售资产负债表上仅存的有价值的资产，抵押资产贬值。①

在接下来的周末，雷曼兄弟这个成立于 150 多年前的银行突然破产，留下了 6 000 亿美元的债务，这将这场危机推向了顶峰，对损失的预估迅速上升。美林证券于当日举行拍卖，以 500 亿美元的价格售予美国银行。几天之后，美国国际集团（AIG），世界最大的保险公司之一，也处在了破产的边缘，好在仰仗美国国库 850 亿美元的紧急注资得以存活。然后就轮到了华盛顿互惠银行、美联银行、花旗银行、高盛和摩根士丹利。最后幸存下来的投资银行转变成了商业银行，接受美国联邦储备系统的监管。在 9 月末和 10 月之间，欧洲也感受到了经济危机，比利时、荷兰、卢森堡三国政府不得不购买富通银行 49% 的股票，德国不得不去拯救德国不动产融资银行和德克夏银行，它们得到了政府 60 亿欧元的贷款。在 10 月中旬，冰岛所有的金融系统崩塌，继而波及经济的其他部分。

直到美国财政部长保尔森构想以总计 7 000 亿美元来处置不良资产的紧急计划获批并得以落实、英国政府以相当于 4 600 亿欧元的干预措施将

---

① 信用冻结在全球范围内蔓延开来。人们对风险的厌恶达到顶峰，新兴市场的股票和债券被大量抛售，而不考虑它们的良好信誉。全世界的银行都没有有效的办法去管理它们的流动性，从而不得不停止或者无奈地减少放贷。在新兴市场上，银行部门依赖外部资金来填补存贷之间的缺口，所以这种现象尤其明显。随着市场的冻结，弥补微小的缺口都变成了一个挑战，因此信用扩张剧烈下降。

几家银行国有化时，这个下降的螺旋才被打断。根据彭博社的数据，到2008年12月底，全球范围内由于不良资产所减记的资产规模总计达到1万亿美元。

整个世界将会用几年的时间来处理经济危机的善后事宜。通过放松银根而快速地回到昔日的繁荣以及通过大量公共资金的注入使股指上升的错误观念正在让位于这样一种认识，也就是经济调整的路途并不平坦，有些人则将其称为"新常态"①。最终，直至去杠杆化走入正轨以及金融机构彻底改变它们做法的时候，稳定性才会得以恢复。这种调整几乎没有开始，实际上，在系统的关键节点上，以往的坏习惯似乎有所抬头，这归因于政治自满以及对解决类似于普遍金融监管的棘手问题的牵强态度。然而，这方面的改进将会耗费时日，同时，美国和欧洲以及其他规模宏大的经济体（如日本和俄罗斯），其银行系统将不能维持实体经济的增长。

4.2 风险的复杂特性：不确定性、混乱性、黑天鹅效应以及厚尾性

我们再次回溯到经济危机阶段，重申危机的影响远未结束，用来减弱其影响的应急措施又引起了新的失衡。特别是当私人债务转变成政府债务的时候，美国、欧元区以及日本的财政危机成为核心问题，并且对于政策制定者来说这构成了下一轮的紧迫任务。

如果历史经验可以借鉴的话，这次经济危机无论在程度还是地理范围上都是不寻常的，但并非是主要原因。在2008年末，大批的国际银行部门一起衰落，未经监管的市场具有先天的稳定性，如果金融专家不受政府约束进行

---

① El Elian(2009)对这个告诫的传播做出了贡献。

自主决策可以更好地管控风险等观念已不再甚嚣尘上。事实上，缺少了外部相互制衡的金融市场并非先天稳定，主要原因如下：（a）成功和失败的报酬是不对称的；（b）有显著的羊群效应；（c）没有能力同时监控所有风险的来源；（d）过分依赖短期记忆和近期经验；（e）决策制定缺少相互制衡。

几个好年景引发了过度自信和自我满足。结果令人莫名其妙，致命的金融危机几乎总是发生在经济强劲增长时期，几乎从来没有发生在停滞或者缓慢增长期。

资本主义充满了风险。增长、进步、新冒险、技术进步以及新发现的应用都涉及一定程度的不确定性。无论先前采取了多少预防措施，风险都会出现，所以资本主义制度具有与生俱来的不稳定性、周期性、危险性以及破坏性。这意味着风险管理是资本主义的核心和自由市场的基石。对于自由市场而言，风险管理的普遍无能比集体主义的意识形态更加危险。人们为子孙后代进行的投资越来越错综复杂，需要将风险管理内化为投资的第二天性。

风险多种多样，风险定性的复杂程度差别极大，尽管在研究上已经做了相当大的努力，但我们依然所知甚少。至少在2008年雷曼兄弟破产之前，在金融专业人士中流行着错误的观念：风险可以通过体现为一系列历史数据的统计分析来精确测算。不同的声音大多数被排斥在学术界之外或被限制在对冲基金的圈子里。

这种信念被越来越复杂的经济计量模型和资产定价模型的发展所强化。检验这些模型预测属性的大量可用的金融时间序列数据库似乎加强了这些方法的稳固性。而这种错误的观念现在被打破了。现行的数学知识还不允许精确测算纠缠不清的相互影响的关系，正因如此，引发了被称为风险的群体现象。模型在将错综复杂的现象概念化并对其进行概括时是有用的。但是，代理人、预期、信息、战略行为以及政策行为之间犹如迷宫式的相互关系要尽量避免量化，即便是基于当前可以获得的最为复杂的科学知识。实际上，这种接近于科幻小说和电影的知识是值得怀疑的。

勾勒出现代风险理论轮廓的经济学家是弗兰克·奈特。在 1921 年出版的博士论文《风险、不确定性和利润》中，他对"风险"和"不确定性"进行了区分。风险指的是这样一种现象，它的发生是受或然律控制的，因此可以用数学方法来计算，并且它的消极后果可以通过投保加以防范。相反，"不确定性"是概率不可知的事件，因为它是罕有的（例如海啸之后的地震）或者因为过去从未发生过（例如"9·11"事件）或者因为它的后果是不可想象的（例如雷曼违约或小行星撞击大都市）。金融专家已经发展出一些工具来处理奈特所界定的一定类型（并非全部）的"风险"，显然，奈特观念中的不确定性是不可以通过任何意义上的定量方法来进行确定和分析的。它只能通过差强人意的定性框架来进行处理。

　　当奈特撰写博士论文时，他并没有考虑到金融市场，而是着眼于完全竞争下的企业利润水平，所以，在那个时代他的观点并没有影响到金融从业者。定量方法于 20 世纪 60 年代开始在华尔街登台亮相，发现资产价格收益类似于随机游走。[①]早在 1961 年时，本华·曼德博（Benoit Mandelbrot），一个后来因成为"分形几何之父"而闻名的数学家，指出风险的概念含有难以被严格处理的定性内涵，因为"自然和社会现象纷繁复杂，而能够征服它们的数学技术则凤毛麟角"[②]。曼德博的风险概念和奈特并不一致，他对"良性风险"和"恶性风险"进行了区分。宽泛地讲，良性风险指的是与高斯范式（Gaussian paradigm）相关的一类风险，也就是说资产收益围绕着均值波动，同时明显的持续性离差不规则地出现。第二种风险来源于较大的、偶然的和不规则的跃动和（或）对均值[③]的持续性偏离。由于第二种形式的风险不能纳入标准统计模型的

---

　　① 实际上 Luis Bachelier 在 19 世纪末期时已经提出了这种思想，并且将后来称作布朗运动的方法运用到农业价格的研究上。

　　② Mandelbrot（1997b），第 2 部分。

　　③ Mandelbrot 参照了《圣经》中的人物，将这两种效应称为诺亚效应和约瑟效应。

范围来处理，在主流文献中已基本被忽略。只不过偶尔以各种不同的面目受到人们的关注，尤其是在主流市场崩溃之后，例如1987年的黑色星期五之后流行起来的混沌理论，以及2008年黑天鹅效应①，这被称为对市场崩塌的全方位解释。厚尾性和极端事件也成为交易场所每天谈论话题的一部分。然而，风险管理模型罕有变化（除了一些不太苛刻的保证），因为在这个领域，基础数学方面的进展还尚未出现。即便有这个条件，根据定义，最复杂的模型也不能帮助我们看穿奈特的不确定性迷雾，它将会一直困扰着我们。

考察全部历史，金融市场上具有广泛破坏作用的事件要么起源于灾变事件，要么起源于几种因素（完全风暴效应）的随机结合，这导致经过几年持续增长之后转向过度乐观的预期。监管的目标应在于为不确定事件设置缓冲地带，但是至关重要的是在扩张阶段限制风险的自然扩展。在一帆风顺时不应忘记风险；在不利情形下，风险应该被具体化。与此相反，正如我们即将在下一部分中看到的，监管趋向于加剧周期性的变化并侵蚀应对猛烈冲击的防御体系。

4.3 银行监管、羊群效应及其蔓延

市场是目标和利益相互冲突的机构之间复杂互动的结果，这些机构需要由独立的公共机构进行监管，这些监管机构有着普遍的权力、充足的资源，并且不存在隐藏的动机和利益冲突。市场几乎不能进行有效的自我监管。在通常情况下，负责设立或实施规则的私人实体会利用这些规则损人利己。比较可靠的做法是规则必须由独立的裁判员执行，而他们不会受到

---

① 这个定义源自于2007年Nicholas Taleb所写的《黑天鹅》一书，被引申到2010年雷曼兄弟破产以后的事件。

将自身变成运动员的诱惑。

金融监管一定要设计一套具有深远影响的激励机制。通常只有创造一个不可预见的机制，经过精心筹划才能用于处理问题。在"新资本协定"——《巴塞尔协义Ⅱ》[①]中，明文规定了金融监管框架，这一协定于2004年签署，2006年修订，并于2008年起在欧洲生效（金融危机期间尚未引入美国）。

《巴塞尔协议Ⅱ》的初衷是通过建立风险披露与资本之间的联系改善银行对资本的使用，并且更好地指导风险管理。但是，有几处障碍很快显现出来。这里，我们考虑最主要的4个。

（1）微观和宏观层面的冲突。审慎监管原则主要针对于单个机构的偿债能力，敦促它们在遭受损失之后恢复资本。但是如果一个巨大的冲击打击了整个金融系统和经济，由大的市场参与者进行的集体调整会剪断连锁反应，而它们必须同时提高资本化程度或处置资产。最终的结果是经济加速下行，出现证券降价抛售以及信用恐慌。《巴塞尔协议Ⅱ》还始终坚持着这样一个错误的假设，即维持单个金融机构的偿债能力和稳定性会使整个系统安然无恙。相反，对于宏观经济和微观经济稳定性界定的困难通过传导机制降低了金融部门稳定性。[②]市场同时需要乐观主义者和悲观主义者，但是用于处理微观经济问题的审慎监管原则迫使悲观主义者追随乐观主义者，反之亦然，所以金融系统必然会出现从一个极端到另一极端的剧烈变化。

---

① 瑞士的巴塞尔是银行进行国际结算的地方，这个机构负责界定银行业监管方面的国际协议。关于《巴塞尔协议Ⅱ》的信息和金融危机之后资本协定的最新变化可以在国际清算银行的网站上找到：http://www.bis.org/bcbs/index.htm。

② 金融部门可以加剧正常的经济周期波动的观念并不新奇。最著名的是 Irving Fisher (1933)，他发现在经济下行时，金融部门减少了信贷。以 Minsky(1977)和 Kindleberger(1978)为先锋的更为现代的理论指出，经济上升期的镜面反射现象是过度乐观的预期和担保作用刺激的结果。至于最近一次的金融危机如何被视为"明斯基时刻"（Minski Moment），则见诸于瑞银投行的高级经济咨询专家 G.Magnus 的各种文献中。他的名为"明斯基时刻意味着什么"的第一篇文章首次出现于2007年8月22日的《金融时报》上。更多的文献以及文章可以从 http://georgemagnus.com/home 免费下载。

（2）对定量模型的依赖。《巴塞尔协议Ⅱ》允许银行运行一套内部的风险管理系统。这实际上意味着银行在决定合适的资本充足率上享有了更多自由（仅仅有粗略的控制），因为在很多情况下，监管者缺乏详尽检验模型性质的专门经验，尤其是那些由大银行所建立的模型。除此之外，大量的机构采用了少数定量分析人员建立的模型，因此，这些模型对于市场和区域得出了近似的方向指标。采用风险价值法（VaR）是一个主要的失误，因为它给出了可疑并且具有误导性的风险指标（见专栏4-4）。

（3）对市场价格的依赖。我们在市场中观察到的价格反映了边际需求者和边际供给者的资产估价。这是不是一个可信的估价？是不是一个"正确"的估价？当然，价格反映了信息以及一些买者和卖者的分析。但是现实生活中的需求曲线和供给曲线并不像教科书中描绘的那样平滑和连续，它们是参差不齐的、不连续的，总之是不稳定的（见专栏4-1）。引起估值变动的事件频繁发生，错误是普遍的并且波动也很突然，随之而来的是引起价格的剧烈变动。[1]古德哈特和佩尔绍德（Goodhart and Persaud）的争论如下：

2007—2008年的危机暴露出了当前监管哲学的缺失。目前的核心方法是用过去和现在的市场价格估计风险与价值。市场风险的测度和监管资本的结合看起来很复杂，并且这使银行的日子变得更好过。但是，令人迷惑的是为什么银行风险的市场测度处于金融监管的核心地位。我们对银行进行监管的原因是时常发生的市场失灵，并且随之而来的是经济危机的广泛传播和严重影响。而监管者用市场价格来建立他们的防御体系以抵御市场失灵。毫不令人惊讶，这已经被证明它像马奇诺防线一样有用。如果市场价格可以预测崩溃，那么，市场崩溃就不会发生。[2]

---

① 监管者需要重要的系统性机构，一旦市场失败使用内部培养的判断能力去弥补定价模型的不足，类似于启动长期资本管理公司(LTCM)着陆程序时联邦储备系统的做法。这就是目前正在上演的按监管者的要求最大银行推出的所谓的最终解决方案。迄今为止的进展见国际清算银行(BIS)(2011b)。

② Charles Goodhart and Avinash Persaud, How to Avoid the Next Crash, Financial Times, 30 January 2008.

专栏4-1　价格和估价

　　任何资产对于买者和卖者都有着不同的价值。当他们就价格达成一致并且完成一项购买交易时，这意味着对于卖者来说该商品的价值低于议定价格，对于买者来说其价值高于议定价格。

　　这个简单的事实似乎没有进入那些认为价格和价值是等同的监管者的耳目。由于许多原因，买者和卖者的定价是不一样的。对于一个成功经营餐馆的老板而言，由于客人太多他想要扩大生意规模，这时，他对隔壁零售空间的估值会高于城外来的想要开家具店的人的估值。一个拥有知名品牌正在奋力打拼的公司对于开拓其品牌价值的人而言，其出价要远高于仅仅想剥夺其有形资产之人的出价。

　　换句话说，可观察的市场价格并不一定是价值的精确评估。事实上，在流动性较强的市场上，现行的价格通过快速售卖提供了一个出价尺度，但是，这是一个关于卖者是不是一个边际代理人的相关信息。如果所有代理人都是被迫售卖，那么这种评估就是毫无意义的。

　　一个买者试图去确定他准备为一项资产或者一个公司所支付的最高价格，同时卖者的目标却是确定他所能接受的最低价格。这两种价值在一定的时间内都会随情况的变化而变化。举例来说，如果某人认为IBM的前景比苹果公司（尽管不一定是消极的）更加光明，他们愿意为之支付的价格要受到影响，反之亦然。

　　简而言之，一个企业的价值来自于其资产价值的总和，其变化取决于买者获取的功用或者他可以从中谋取的利益。显然，这种理由不适用于诸如政府债券和外汇衍生品之类的有价证券。然而问题的关键在于金融市场的功能是作为买者和卖者或者投资者和储蓄者之间的中介。金融机构创造了市场，它是一种有可能失灵的不完美机制。如果市场一直运行良好从未失灵，那么就没有必要进行监管，也不需要考虑资本充足率。因此，审慎监管应该设立一个可以拉动的安全网，以防止破坏性活动或者恐慌的广泛传播，这些事件忽视了市场信号并且受到一些其他估价标准的影响。

也就是说，万一市场功能紊乱，审慎监管应该保证系统的稳固性（或者至少保证其可以生存）。

（4）对评级代理机构的依赖。由于审慎标准有赖于几个（据认为）特定的机构发布的评级，银行放弃了风险评估（这实际上是放弃了它们的主要社会功能），并且在投资于AAA级复合证券激励的搅动下，追求不可控制的杠杆扩大（通常这是利益冲突的原因）。对于那些不成熟的银行（也就是说没有内部风险体系的银行），《巴塞尔协议Ⅱ》分配给每个级别一个权重来计算资本安全的风险度。[①]因此，评级机构成为全球金融稳定的基石。当它们开始为一个有风险的结构性产品评定AAA级别的时候，没有一个人负责去评定评级者，并且很快就踏上了一条不归路。银行的垮塌是由杠杆作用引起的，这种杠杆是因为痴迷结构性的资产担保证券建立起来的，与它们被评定的级别相比，更容易受到冲击。

总而言之，将银行监管资本（也就是说缓冲损失）与资产风险联系起来的《巴塞尔协议Ⅱ》具有固有的顺周期性，所以它导致了羊群效应。[②]对最低银行资本的硬性限制忽略了宏观经济状况，加剧了经济波动，因为资产价格和经济周期倾向于正相关：在繁荣时期银行资本和担保贷款的抵押品（尤其是不动产）不断增值。因此，家庭和企业获得贷款变得更为容易，银行也更愿意借款。信贷增长促进了投资和消费，所以如果没有制动措施，这个螺旋将会一直持续下去直到震荡击倒这个纸牌屋时为止。到那时，该机制则会以相反方向发生作用，迫使资产出

---

① 例如，政府债券100%的AAA评级将被用于一级资本的计算，大概与股票是相对应的。

② 羊群效应是选择效仿特定人群行为的许多未协调一致的个体所采取的"集体"行为。在认知心理学中，它被认为是人类固有的本性；在被称为行为金融学的经济学文献中，这种效应被一再提及。它或许来源于完全理性动机（就像一个人试图从就餐的人数来推断一个餐馆的质量）或者来源于对拥有更完备信息的人或拥有更强分析能力的人的模仿。

售、信贷紧缩。[①]

换句话说，风险资本的需求是一个主要的传播工具，通过它，风险传播到金融部门的所有领域，因为由投资者的风险厌恶特性所决定的风险价格是反周期的：经济回升时风险的价格下降，经济低迷时风险的价格上升（见 Adrian and Shin，2010）。仅仅通过货币政策不能阻止它的传染效应，因为 1% 的短期利率变化不足以抵消股价两位数的变化或者投资预期收益的两位数变化所造成的影响。

4.4　监管框架的演变

在经济危机之后，世界各地的政策制定者们发放数以千亿美元的救济金，许诺采取严厉的措施防止经济危机的反复出现。在金融市场重新获得某种程度的稳定之后，应该即刻设计并且实施一个新的更广泛的监管框架。而实际上任何强有力的措施都没有采用，这个领域的进展缓慢，也令人痛心，因为它会遭到那些利益受到严重威胁的人的抵制。

塑造新的金融构架的争论和决策制定过程将会对 SWFs 产生巨大的影响，对 FWFs 的影响尤甚。然而，新兴市场国家的高层决策者却仍然没有完全参悟其中的含义。令人无法理解的是，他们并没有完全参与到高层讨论中，而且对于议程和先后顺序也没有提出有效的观点。从根本上来讲，他们在期待着发达国家做出决策。尽管如此，SWFs 和 FWFs 为其长期投资主要面临着三方面的挑战：

---

① 针对《巴塞尔协议 II》中的这一危险漏洞，Danielson 等人（2001）曾提请国际清算银行注意，但是大都被忽视了。

专栏4-2　谨慎行事

即便是缜密的模型，对于各种各样的现实问题，也可能无能为力。

（1）在经济迅速下行期，资产价格之间的相互关系和动力过于复杂多样。

（2）由金融创新如衍生品引致的现象，不能通过只反映过去历史的估计参数来进行判断。

（3）大型金融机构破产，信心的丧失会在某种程度上引发迅速传播且无法预测的事件。

（4）在极度狂热的市场上，相关性以及依存度的其他测算会突然发生改变，这个时间长度足以将金融机构推向破产，但其长度不够，无法录入月度数据。估价需要依赖所用数据的质量以及样本周期的时间长度。

（5）对方风险、总体流动性风险、关联风险、预期的改变以及一些其他现象在2008—2009年的经济危机（而且还有其他不幸被遗忘的危机，诸如长期资本管理公司倒闭或20世纪90年代几个新兴市场的危机）严重损害了金融体系，这些因素不能以任何有益的方式被模型化，当然也不能进行任何程度的精确预测（Rattaggi，2010）。

2008年危机非同一般的严重性在夸张的杠杆化形成的过程中扮演了至关重要的角色，并且总量风险在系统性金融机构中的集中度超出了任何合理的水平以及内部与外部的控制范围，杠杆化本质上是由相关性观念的扭曲以及对对冲有效性的过度依赖所引起的。

（1）通过对杠杆绑定限制条件，抑制由中介机构承担的无限风险。（尤其是在系统性机构中）

（2）通过周期性地调整资本要求，设置安全阀，以减轻GDP波动，阻断传播源，抑制羊群效应。

（3）就实体的边界而言，人们一般认为存在着"大到不能倒"（too big to fail），或者是内部关联过多而不能失败的问题，由此，很可能对大的机构施加更严格的资本要求。

这些规则已在几个领域内具体实施，并且很可能与《巴塞尔协议Ⅲ》的实施协同执行，而《巴塞尔协议Ⅲ》以当前的方式完全不足以处理经济危机暴露出的棘手问题。一种新的有效方式比夹生的首创精神更为重要，在其他几件事情中尤其强调：

专栏4-3　自我监管的失败

银行和保险公司薄弱的风险管理与扭曲的高管薪酬激励结构、信息披露的不足、"贷款证券化"模式以及监管核查方法、相关事件中审计在实践中的根本缺陷一起构成了引发金融危机的毒素。

但是，有一条贯穿20世纪一系列金融丑闻的主线：自我监管的谬误。私有实体作为裁判和实际的监管者存在着滥用其地位的激励。在互联网泡沫中，它们是投资银行的金融分析家；在公司治理危机（例如安然、世界通讯公司、帕玛拉特以及其他一些公司的案例）中是罪魁祸首，评级机构给复杂产品评定AAA级信用推动了次贷危机的发生。

欧盟和美国都在推进对信用评级机构的监管，扩展监管网络，使之涵盖投资和其他金融中介机构。在2006年9月之前实际上不存在对评级机构的监管，此后也只是担负向美联储登记的义务。考虑到评级市场寡头垄断的结构，现行的监管框架在某种程度上依赖自我监管，其依据是国际证监会组织（IOSCO）发布的"信用评级机构基本行为准则"。

●注重压力测试。尤其是在经济下行时期，强化复杂证券的资本条件；

●在拥有适当监管、清算、支付和做市商等有组织的市场上，通过转移交易特别是形形色色的可交易衍生品，实质性地削减场外交易市场的范围；

• 更为普遍的权力。这些权力要求通过文件记录或者窃听电话的方式获得适时信息并调查大量可疑的活动；

• 包括表外业务项目清晰的会计规则；

• 董事会强有力的公司治理。例如，通过包含债券持有人代表的一些关键部门，经常并广泛地对风险披露进行考查。

自巴林银行破产开始，最后一个问题便频繁出现：庞大复杂的金融机构日益增加的复杂性削弱了现有股东和非执行董事在公司治理中的作用。对于这些实体来说，很少举行会议并且具有更加稳定的外部环境的传统董事会模式（适合于其他产业）显然是不充分的。底线是董事会成员不去实施鲁莽行为和策略行为，因为这些机构的风险状况可能由于交易员和证券部门的经验不足（或者是粗心大意的）而有所改变。一个改进董事会监管的可能机制，是要求将董事会的一个席位分配给监督者和一个或多个主要的次级债务的持有者或其他利益（和有能力）相关者，来遏制鲁莽的冒险行为。

除了这些事情之外，其他要做的更多的事情是将所有的机构（银行、保险公司、基金和另类投资工具）置于一个统一的监管体系之下，并且禁止任何机构进行重大的资产负债表表外操作。不能限制监管机构的监管范围，否则对影子交易和活动之类的模糊地带将是一种激励。不幸的是，在这个问题上，改革只是以相当简略的方式进行着。《多德–弗兰克法案》中的内容未能遏制大量未监管的表外头寸。该法案承认由影子银行系统所引起的系统性风险，并且设置了一些工具，通过加强监管和扩充安全边界来减弱其影响。但是在实践中，它包含着一系列监管者对各个领域调查的一系列指导性知识，只是事后才起草经充分斟酌后的约束规则，对于政客、游说者和压力集团来说这是一个可能的目标。特别是以法律替代了监管委员会也就是"金融稳定监督委员会"，这个机构有权判断和管理系统风险，这个主体有权力建议监管事宜的重大变革，认为有必要确保金融稳定，但是，如何实施尚难预料。

最后，我们应该记住，金融监管不仅影响经济周期和危机的强度，而且也会影响到资本成本及其可用性。根据下一章将要讨论的一些估算，在未来几年银行将需要筹集大量的资本（麦肯锡全球研究院，2010）。所以，银行融资将会变得更加昂贵，并且对公司而言，银行融资的替代品将变得更有吸引力，尤其是尚未上市的公司。

正如我们在第3章中所指出的，SWFs和FWFs将是长期资本的主要提供者，所以，其他收益将取决于资本稀缺所决定的成本。这个问题是与储蓄过剩的逆转交织在一起的。随着世界人口的老龄化和高增长经济体基础设施投资的深化，这个问题可能会迎刃而解。我们将会在第7章中分析这种现象。

4.5　SWFs风险管理梗概

伴随着一些巨大的挑战，在未来几年一个更加不确定的景象将会呈现，这些挑战来源于美国公共债务的可持续性、欧盟财政政策的重构、成熟经济体的人口下降、新兴市场经济中通货膨胀的压力、地缘政治版图的重新划分（北非是最近唯一的热点地区），以及货币和金融体系的重组。资产管理者的目标是确定可以接受的风险水平（换言之，失败和错误是不可避免的，要容许其出现），然后根据一些参数设计策略，来实现投资回报的最大化。从根本上说，风险管理是由一系列不完美的定量工具和不断更新的定性评估所引导的判断。定量工具对强调不同资产及其对宏观经济动力的依赖之间的关系是有用的，但是一定不要将它们视为自动控制系统。资产定价是概率分布，而非精确计算，其着重点是概率分布受到且将会永远受到经济周期的影响，它是市场和系统风险背后的基本驱动力。宏观经济波动是技术进步、政策选择、人口、预期改变以及各种破坏性事件的结果（违约、突发事件、战争或自然灾害）。在最好的情况下，现有的科学知识和过去的经验或许可以降低经济波动对于企业利润、金融机构的稳定性、资产组合收益的影响，但是，避免波动的预测工具和对冲技术不会存在且永远都不会存在。

SWFs和其他不经常监测宏观经济环境的资产管理者注定会遭受重大的损失，最好的结果也是业绩欠佳。但是仅仅形成对宏观经济前景的预期是不够的，因为宏观经济波动和资产价格之间的联系具有天然的不稳定性。估计这种关系参数的模型是不可靠的，依据过去的数据来估算收益和相关性的概率分布从而提供风险测度的模型也是不现实的（见专栏4-4）。进一步而言，很难控制不规则发生的宏观经济危害的广泛影响。

专栏4-4 风险价值欺骗

在金融危机之路上，最为失败的案例之一是所谓的风险价值估算法。2004年在由《巴塞尔协议Ⅱ》银行监督委员会推荐之后，风险价值模型成为银行、投资者、资产管理者和监管者最为重要的投入之一。模型的结果被作为现实的精确体现，而不将其看作是基于任意（或者是特定的）假设完成一系列估价的统计技术。这种广泛的吸引力很大程度上归因于其进行的欺骗性简化，也就是说这种评估方法将整体的证券投资组合风险归结为一个单一数字，它代表了一定时期内的最大损失。用来计算结果的有一定先进程度的技术的背后有如下观念：

（1）通过资产收益的多变量正态联合（或离散）分布方法，将现实世界有效地模型化；

（2）在不同时期，资产收益呈现独立、均匀分布的特征；

（3）资产价格之间的关系是线性的；

（4）金融的时间序列分析是静态的。

除了技术术语之外，这意味着资产组合多样化的有效性被严重高估，同期所有资产价格下降的概率则被低估，因此严重的跌价风险被忽略。风险价值模型仅仅是依赖于不现实假设的风险管理工具的一个子集，事实上大多数统计方法都受到这类谬误的拖累，但是国际清算银行（BIS）对风险价值模型的认可使其具有了广泛的可接受性。

事实上"依照公司合并市场风险的资本修正案"（巴塞尔银行监管委员会，1996）里给出了三条指导方针：

● "在计算风险价值时,使用第99个百分位、单侧置信区间。"

● "在计算风险价值时，使用等同于10天价格变动的瞬间价格震荡。"

● "银行可以使用以下办法计算出风险价值数据：通过时间的平方根将较短的持有期按比例扩大到10天。"

这种将极其复杂的问题浓缩为一个简单指数或数字的天真想法造成了一种致命的后果，在金融机构中传播了错误的安全意识，使董事会成员逃避了主要责任（其中的许多人缺乏有关定量方法的知识，更不用说复杂金融产品方面的知识）。这些责任包括：质疑管理要求权、要求对备选方案进行压力测试、独立评估所有披露的信息。其最终的影响是低估了消极事件发生的频率和量度，提高了杠杆化的可接受程度。

直到最近，SWFs在风险管理文化层面还没有收获良好的声誉。例外的是新加坡政府投资公司，它在年报（GIC，2011）中提供了风险管理方法的详细描述，不仅包括金融风险，也包含诸如过程风险、人员风险等更广泛的风险概念。

认识到了这个缺点，国际主权财富基金论坛（IFSWF）于2010年5月在悉尼举办的会议中讨论了最适合于SWFs的风险管理框架。[1]一个下设

---

① 一些在悉尼主权财富基金国际论坛(IFSWFs)上讨论的问题和关于该组织运作的其他信息可以从 IFSWF 网站上下载:http://www.ifswf.org。

的委员会针对最佳惯例和面临的挑战提出了建议（涉及诸如厚尾性等典型议题），总结为四点：

- 由高级投资决策者设计的宏观投资政策，包含战略资产配置、货币保值政策、资产管理者的选择、对权威部门的结构性信息披露；

- 投资风险管理中资产组合构建的整合创新，例如多重风险、事件敏感性、全面优化技术、体制依赖性风险评估、损失披露的持续测度；

- 使用体制性风险（regime-specific risk）估算方法进行严格的证券投资组合的压力测试，反映了经济和金融活动的广泛分布，包括系统性冲击；

- 对实施风险和经风险调整的投资业绩的事后评估进行谨慎管理。

当SWFs拥有最好的意向和政策条件时，它需要设计恰当而实用的实施方案。实际上，如果采纳了这些原则，SWFs和FWFs将会面临什么样的障碍？而其所面临的障碍和其他金融机构有何不同？

我们已经讨论过，在资产管理者中SWFs享有独一无二的地位：它们的授权强调长期回报、它们不会过度杠杆化、它们极少面对紧急赎回，因此不必过分担心流动性风险或者被通知追加保证金。[1]有些人倾向于认为，稳定的禀赋和始终如一的目标并不意味着它们在风险管理上可以骄傲自满或者在风险评估上可以降低标准。[2]这意味着与主流资产管理者相比，它们需要给各种不同来源的风险分配不同的权重。例如在全球范围内

---

[1] 大部分金融专业人员会嫉妒这样的职位，然而在现实中SWFs董事会像任何一个监督机构或股东一样，自由度不足会使其不乐意看到周期性季度损失，不会欣赏长期一切向好的看法。

[2] 新加坡政府投资公司（GIC，2011）在2011年的年报中以"看不同时期的绩效和风险"为题，描述了它的长期投资哲学：

20年收益：作为一个长期投资者，GIC的绩效应该以一个合适的时间范围来衡量。GIC投资于各类资产，包括诸如房地产和私人股权之类的非流动资产，同时采取和长期时间范围相一致的策略。20年的时间范围是合适的，因为它跨越几个经济周期，包含许多市场高峰和低谷。因此，我们20年的投资期限与20年年化实际收益率的衡量标准相匹配，而对于新加坡政府投资公司来说这是一个关键问题。实际收益率的使用能够确保我们外汇储备的国际购买力。

5年和10年收益：5年和10年的收益率反映了新加坡政府投资公司长期业绩的中期衡量标准，因此它们提供了一种市场周期中收益变化的更好的表现方式。

和它们投资的国家里，它们不必担心现金流，而把注意力放到长期通货膨胀和人口动态上。另一方面，除了在资产管理者中流行的概念以外，我们认为它们需要一个风险管理框架标杆。

当被问及有关问题时，实际上所有的资产管理者都宣称专注于长期目标。然而，它的真正含义向来都不清晰，即便是对于SWFs而言，它在应用中的意义也是模糊不清的。毕竟长期是由一系列的短期组成。

所以，从理论上说，当长期投资策略忽略了短期波动或者偶尔短暂的干扰时，就没有办法确定一个现象是暂时的还是永久的，这个短期到底有多短。

在特殊情况下，就像时常遭受干旱的农田，可以相信我们总会冲破黑暗迎来光明。因此忍受逆境的短暂或持久的影响是十分重要的。

然而，通常情况下，对经济冲击的持续时间或其周期性质的评判充满了不确定性。一个例子是在雷曼兄弟破产之前，一些SWFs在西方银行中获取了大量股权。它们认为困难是短暂的，尽管银行资本现在被削弱，但是其盈利能力将会很快反弹。所以，它们认为这是一个难得的机会，能够在银行不正常环境暂时受损但有利可图的生意中获利。事后看来，这被证明缺乏准确性。

在金融机构中，就资产价格的时间序列而言，典型风险测算的时间范围为1天到2周之间。很少存在更长时间段（比如是1年及1年以上）的研究，实际上，这种研究也不会起到太大作用，因为宏观经济波动和资产价格变化之间的关系像一团乱麻。此外，SWFs在非上市公司中也拥有大量股权，就此而言，资产估价具有很大的主观性。长期投资者应该遵循以下三个步骤：

（1）形成趋势增长驱动力理念；

（2）制定利用这些驱动力的策略；

（3）分析这些驱动力经常遭遇的风险。

这种方法模仿了所谓基于要素的配置策略（Monk，2010）。为了分散投资风险，该方法致力于发现投资主题而不是资产类别。例如，自2011

年7月开始，加州公共雇员退休体制不仅仅基于股权、固定收入、房地产等通常的分类进行资产配置，而且基于要素进行配置，诸如收入（占资产组合的15.9%）、增长（占63.1%）、实际因素（占13.0%）、通胀关联（占4.0%）以及流动性（占4.0%）。

在第3章中阐明的依赖于长期增长的驱动力方法（与其多少有几分类似），必须用适当的风险管理方法进行补充。首先，需要确定各种各样的驱动因素面对不可预期的冲击的脆弱性，以及这些冲击是否是独立发生的，这关系到这些驱动因素是否受同样的影响（尤其是当所有资产价格趋于下降的不景气时期）和同样程度的支配。

让我们从人口统计资料开始。这个因素几年来很稳定，因此收入来源，如基础设施（收费公路、机场、医院）融资项目或者与人口增长相联系的公共事业的支付，相对不会受到经济波动的影响。同样，诸如新能源或者绿色技术等技术上的投资也对短期的经济波动有抵御作用（节能项目实际上是反周期的），虽然如此，在新技术应用或传播过程中，还是充满了不确定性。

让我们转向宏观经济因素，就像西班牙和爱尔兰一样，由于私人部门的胆大妄为，特别是银行和房地产开发商，财政的稳定性十分脆弱。同时，由稳定的比较优势所维持的出口部门即使处于周期的下行阶段，但最终依旧会反弹，这多亏了工资差别、先进技术、现代物流或有利的地理位置。另外一个长期的驱动因素是国际贸易扩张和促进生产率提高的远距离供应链整合。大衰退已经警示人们这个驱动因素可能受到主要波动的沉重打击，但是，它在2009年的快速反弹则显示了依然上扬的主流趋势。

在风险谱系的另一端，是试图在饱受战争之苦的国家借其回归常态之机进行的投资，这个因素在很大程度上独立于全球经济状况。但是毋庸置疑，在类似于伊拉克或者科特迪瓦等地区的投资成功是一个跨越至少5~10年的赌局。几乎没有人敢在这样的地方投资，可是对于那些持有怀疑态度的人来说，他们会提出充分的佐证，在走出大衰退以后，黎巴嫩已经成为表现最好的经济体之一，伊拉克的股票市场也成为2010—2011年的股市明星。

这些例子强调了基于要素的投资面对着这样的风险，这些风险不一定能够通过波动的传统概念得以测度。在人口稠密的亚洲，如果有人想要搭上人口浪潮的便车或者将赌注压在中产阶级的崛起上，回顾一下相关性的计算以及"阿尔法""贝塔""风险价值法"（或者现有的任何具有"营销"含义拙劣想法的首字母缩略语）等，我们可知，这些都是完全无用的。将焦点放在以下风险上将更为明智：

（1）政治混乱或者对于改革的强烈抵制；

（2）食物和能源短缺；

（3）因基础设施和住房瓶颈所引发的通货膨胀；

（4）人力资源的可获得性。

这些风险中的某些可以避免，例如政治风险可以通过多边投资担保机构（MIGA）进行保险，MIGA是世界银行为此目的以及私人保险公司而设立的机构。食物和商品风险可以通过商品期货与期权的购买来降低，其他风险则不可能以合理的成本得以分散或规避。

类似地，如果要做出将资金压在超级周期上的决定，则不得不面对两个主要的不确定性：

（1）技术进步降低了对特定商品的需求（例如，在超导方面的技术进步会影响对铜的消费）；

（2）长期弹性，例如其他材料的替代或者消费减少。

毫无疑问，对于风险管理而言，最难的策略是追求技术进步，这时候，唯一有意义的方法是将风险分散到几个项目上。将赌注压在新技术上需要对失败有很强的承受力，因为即便是在最好的情况下，也仅仅只有一半项目可以存活下来，能够走强的则寥寥无几。最初的成功可能随后就会遭遇难以预测的监管或经济层面的障碍。例如，协和超音速飞机，虽是技术层面的典范但却极其费油，而且恰在第一次石油冲击之前进入市场；进一步说，实际上协和是被美国当局以经济性理由拒之门外，以"噪音污染"为托词将飞机停靠在纽约肯尼迪国际机场。

全球化产生的困境之一是主要经济区域经济周期的同步性及其在广大地理空间中的迅速传播。在实践中，地理多样化已不如20年前有效。中国和印度与成熟经济体的脱钩发生的时间离现在太近以至于对其难以抱有一定的信心。希望新一代的金融监管体系可以如我们之前所倡导的一样降低传染效应，同时，大协同（great synchronization）也会减弱，但暂时这是一个不得不去面对的事实。

一个相关的问题是资产市场规模及其地理分布的变化。通俗地讲，每一种资产类别的市场规模及其国家分布都变化极大，相应地，其流动性状况也随之发生变化。例如，表4-1显示了1999—2010年在世界股票市场的资本化中不同地域的相应权重。

表4-1　　　　　　　　世界股市资本化的区域分布

	1999	2000	2001	2002	2003	2004	2005	2006	2007	2008	2009	2010（估计）
世界市场	100%	100%	100%	100%	100%	100%	100%	100%	100%	100%	100%	100%
美国	46%	47%	50%	47%	45%	43%	39%	36%	31%	33%	31%	31%
其余发达国家	46%	45%	41%	42%	44%	44%	44%	44%	41%	41%	41%	39%
新兴市场	8%	8%	9%	11%	12%	13%	16%	20%	28%	26%	28%	30%
金砖国家	2%	3%	3%	3%	4%	4%	6%	9%	17%	15%	17%	17%
GCC中的	6%	5%	6%	7%	7%	9%	11%	10%	11%	11%	11%	12%
其余新兴市场	0.3%	0.3%	0.4%	0.9%	0.9%	1.3%	2.5%	1.3%	1.7%	2%	1%	1%

Source：Standard & Poor's.

在10年里，巴西、俄罗斯、印度和中国的股市份额几乎增长了9倍，其余的新兴市场国家增长了1倍，同时，美国的份额跌落了近20个百分点。

没有现成的方法可以用来应对各式各样的挑战，即使有也需要经常检验以适应不断变化的环境。第一步，最明智的做法是设计一套将宏观数据和金融数据结合起来的前瞻性指标。

第二步，对于主要投资于非上市公司或者非流动资产的SWFs而言，用来处理"估值不确定性"的明智方法是利用价格模型，对它们进行压力测试并且定期比较结果。

出于这种考虑，我们认为强调一个通常不被重视或被轻易忽略的问题是很重要的。会计准则忽略了一个事实，资产估价是一种概率分布而不是一组精确的普遍认同的数字。会计行业和专业组织顽固地坚持资产负债表最终要呈现出一个单独的数字，而不是令股东和投资者迷惑的一个区间。

我们不同意以上的说法。在我们的意识中，没有强调对会计准则和市场估价的信任，例如，股票市场资本化是否低于账面价值或者相反。这场争论中不管孰对孰错，记住一点将是明智的，即资产和负债只是简单地反映了带有很大不确定性变化的平均估值。如果不确定估价被划分为一个类别，如无形资产和非交易性证券，走向清晰化是一个具有决定意义的步骤。

4.6 风险管理的非传统维度：股东与利益相关者

风险管理早已超出制定考虑资产价格动态学策略的范畴。特别是对投资于股票的SWFs和FWFs，关键维度涉及公司治理。SWFs必须从完全消极的投资者发展成为对持股公司感兴趣的更为活跃的股东。

就像我们在引用《德国商报》与艾哈迈德·本·扎耶德（Sheikh Ahmed Bin Zayed）会谈的内容中所强调的，许多SWFs的管理者始终认为他们仅仅是消极的投资者。很难说这种态度是否是对SWFs周期性的过度影响负责的一种反应，还是实际上是其权限内的一部分责任，无论哪一种情况都是错误的态度。消极的投资者是"缺席的主人"的现代化身。在欧洲贵族中，将他们的财产委托给受托人是典型的现象。随着时间的推移，主人发现他们自己穷困潦倒，而受托人却家业兴旺。

我们认为公司治理原则没有被适当地考虑进投资决策中。不仅仅是SWFs，经济危机强迫所有的投资者为草率地出让管理权承担责任。作为一个团体的投资者大部分未能意识到作为股东，与简单的持股者相比，好的公司治理对于保护他们长期利益至关重要。这种撒手不管的方法导致最优绩效难以实现，因此，在此重申更严格的治理原则和及时的信息流动。创造价值不仅仅是明智投资于金融资源的结果，也是几种元素共同作用的结果。在他们需要股权，特别是在未上市的公司中，SWFs应该执行最优惯例并且给出精确报告。实际上，金融危机的震中即英国和美国，新的公司治理框架将很多责任置于投资者肩上，以便监控其投资公司的治理活动。例如，在英国，最佳惯例通过应用于股东而非公司的"经管责任法"的发布体现出来。在南非和欧盟层面一部类似的法律也正在酝酿中。

SWFs要求在董事会上有一席之地并且扮演一个更积极的角色已经司空见惯了。董事会成员必须询问使人不愉快的问题，有权直接参与组织结构中的任何职位、公开账目、调查银行关系、监控利益冲突、确认有效的风险管理是否到位、保护揭发人等。实际上不透明的管理惯例、相互掣肘和关系过密是对股权投资的最严重威胁。

最后，一定不能忘记公司战略的成功需要一定的条件。当环境发生变化时，策略必须适应环境，管理也必须相应改变，否则就会遭到淘汰。因此，明白什么是利润的驱动力及不进则退的脆弱性十分重要。一个已经取得积极成果的团队几乎难以让它对自己的做法作出负面评价。它是迫于外部控制者的压力才会如此。

第5章　21世纪地缘政治学中的SWFs

　　全球经济日益密切的一体化过程，即所谓的经济全球化由如下重要力量所推动：人口、金融自由化、计算机科学的进步、电信的普及和物流的改革。同样，19世纪末期，也是全球化的重要阶段，那时世界经济被欧洲国家及其殖民帝国掌控，电报、铁路和轮船的发展改变了国际贸易和金融关系，这些技术应用为西半球走入世界经济铺平了道路。

　　随着柏林墙的倒塌、欧盟单一市场、区域贸易协定（北美自由贸易协定、南方共同市场、东盟自由贸易协定）和中国制造业的崛起，在1995年1月1日WTO成立后，经济全球化浪潮已经势不可挡且来势凶猛。该组织诞生于乌拉圭回合谈判中达成的《马拉喀什协议》框架内（该协议取代之前的《关税及贸易总协定》（GATT））。同时海关关税在多边框架下大幅削减，该框架适用于所有主要的大宗商品出口国和进口国。更重要的是，关于进出口规则的国家法律框架越来越明确并且服从独立国际法庭的评判，在此之前则受到国家政策、特别释义、单边理由和艰苦谈判的影响。中国于2001年12月加入WTO后成为世界贸易的新动力（其900页的入世协议经历了长达15年的谈判，就其复杂程度而言，该谈判可以与乌拉圭回合谈判相提并论）。

　　20世纪末期，通信创新、货物运输的改进（主要是集装箱运输）和拉丁美洲、东欧、远东地区政治格局的改革，加深了遥远国度之间的相互影响；使人口众多的中国和印度在经济上获益；使先进技术传播到韩国、巴西、越南、波兰、土耳其和俄罗斯等地。这样的转变使得类似于发达国家与发展中国家这样的分类变得毫无意义。当相邻区域之间的联系正在取代过时的南北经济关系时，成熟与高速增长将是这些经济体更为恰当的特征。

高增长经济体的崛起已经动摇了全球经济力量的平衡。在2010年，发展中国家的总产出占世界国内生产总值的38%（按市场汇率计算），由此可以顺理成章地推测出发展中国家在其中所占的经济份额将在10年内超过发达国家。①

在新兴市场中，中国的情况最令人震撼：图5-1中的数据源自2011年世界银行《全球发展展望》，按照当前的发展趋势，中国占全球产出的比重将由2005年的7%上升至2025年的16%。

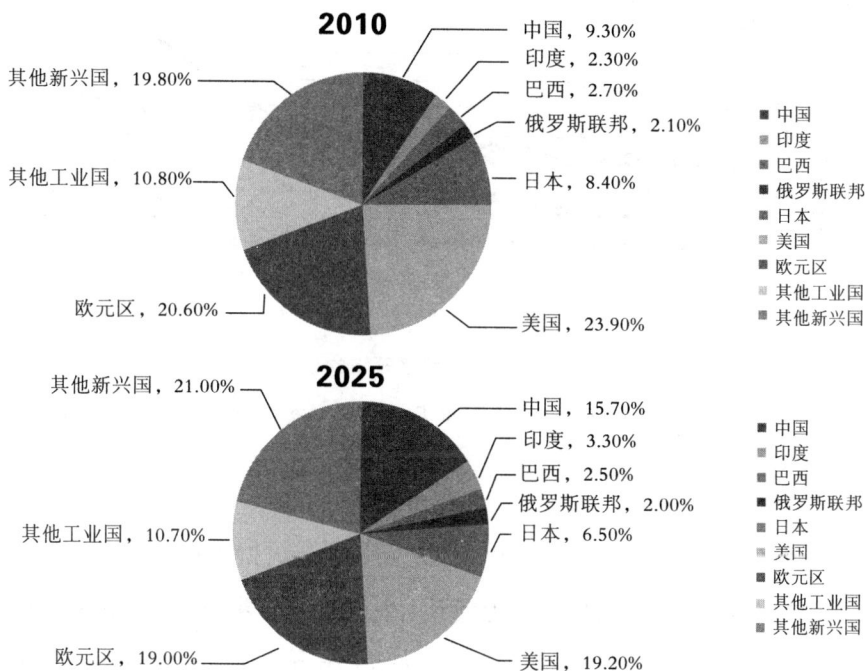

图5-1　主要经济区域的相对份额

Source：World Bank-Global Development Horizons 2011. Reproduced by permission of the World Bank.

---

①　用购买力平价来衡量，新兴经济体在2008年超过发达经济体。

但是如果我们更改基本假设，提高预期的通货膨胀和人民币升值速度（分别是5%和3%），以购买力平价计算，中国将大约在21世纪初第一个10年的末期取代美国和欧元区成为最大经济体（图5-2），到2025年中国将是美国经济规模的两倍。很显然，这些预测只是这一趋势的机械反映，因此，这些预测更应该被视为一些模棱两可的经济前景，而不是一种确定的结果；尽管如此，它确实能够衡量日渐觉醒的亚洲的潜在经济实力。

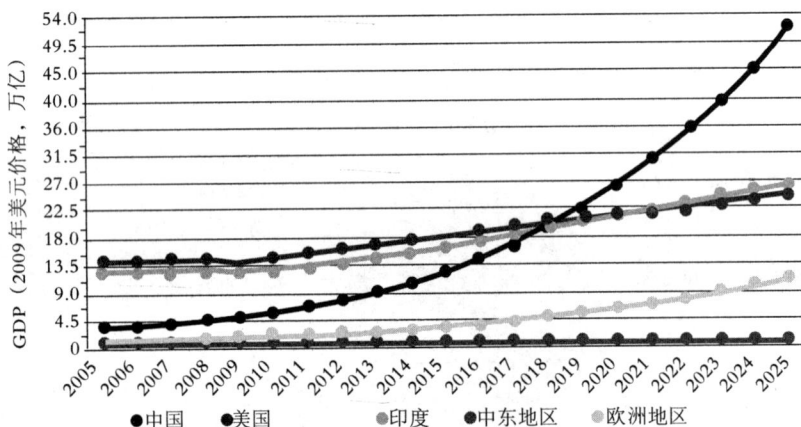

图5-2　模拟主要经济领域的相对增长

Source：Authors' simulation on World Bank database at http://go.worldbank.org/EDH-FXJKW10.

这种经济奇迹有时会被淡化，只是将其视为人口效应的一种结果，但人口效应迟早是要消失的。作为世界上人口最多的两个国家，中国和印度的GDP在全球产出中的权重更大。正如我们在第1章强调的那样，走向繁荣的人口大国从比重上看要大于人口较少的国家，这并不是同义反复。许多人可能还记得，直到最近人口众多还经常与贫穷、饥荒、瘟疫、早期死亡率等联系起来。因此，虽然人口是重要力量，但经济的良性循环需要更多的引擎。

根据《经济学人》的报道[1]，2010年，在几个区域，新兴经济体所占份额已经大体相当于甚至超过先进经济体所占份额，显露出了世界经济的新端倪。例如，新兴经济体占钢铁、铜和石油消耗总量的60%，占世界出口量的50%，国外直接投资的50%。

这些经济数据显示，第一波全球化源自于物质资本经济结构的瓦解与错位以及从发达经济体向新兴市场的转移，其中制造业表现得特别明显。经济全球化的下一个阶段可能由人力资本、城市化、教育、新兴市场企业的成长和更高效的金融机构提供动力，其中驱动先锋以SWFs为代表。

中东、印度次大陆，尤其是非洲，由于其生育率远高于2.2，充足的劳动力将使该地区经济从中获益。大量的国内移民将促进城镇化进程，这对其未来的经济动力产生深远影响（见图5-3和图5-4）。

城市充分显示了生产力提高和网络经济的效果。慢慢地，城市环境中的协同效应和对外开放将促进经济强劲攀升。例如：1990—2005年间，中东、北非和南亚[2]（ENASA地区），中产阶级的数量从3.6亿人增至6.2亿人，增长将近1倍。

结果是，如果我们考察一些代表现代生活标准的指标，新兴市场所占的份额已经超越发达经济体，或者说差距正在迅速消弭。例如，移动电话用户（82%）、汽车销售量（52%）、固定投资（50%）、进口（47%）、世界零售（46%）。城市中产阶级的崛起包括消费能力的增长都具有可持续趋向。例如，根据亚洲开发银行的资料，印度70%的人口将在接下来的15年中跨入中产阶级行列（亚洲开发银行，2011）。

---

[1]　Economic Focus：Why the Tail Wages the Dog，The Economist，6 August 2011.
[2]　在这个分类中，南亚包括印度、巴基斯坦、斯里兰卡和孟加拉国。

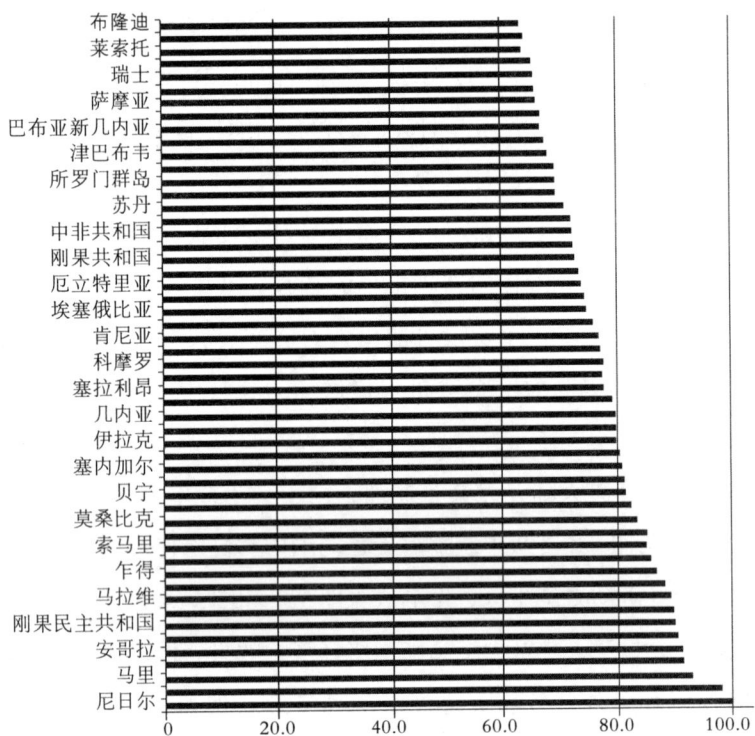

图5-3 孩子抚养比率最大的国家（0~14岁人口与15~64岁人口之间的比率）

通货膨胀：中国5%，美国1.5%，印度6%，欧洲地区2%，中东3%

对美元升值：中国3%，印度2%，欧洲地区0%，中东0%

Source：United Nations，Population Division.

迄今为止，经济全球化的一个主要特征是西方世界的国际金融霸主地位。西欧、美国、日本依然占据全球金融资产的3/4（现金、股票和债券）、世界资本市场的65%。在私人和公共投资者的投资组合中美元占据主导地位，在21世纪初，欧元的推出也没有明显削弱其主导地位；新兴市场货币则主要用于国内交易，而无一用于国际交易。但全球化风暴与国际金融动荡、金融市场波动的扩展以及美国、欧洲和日本所面临的财政危机结合在一起，侵蚀着西方在世界金融中的主导地位。

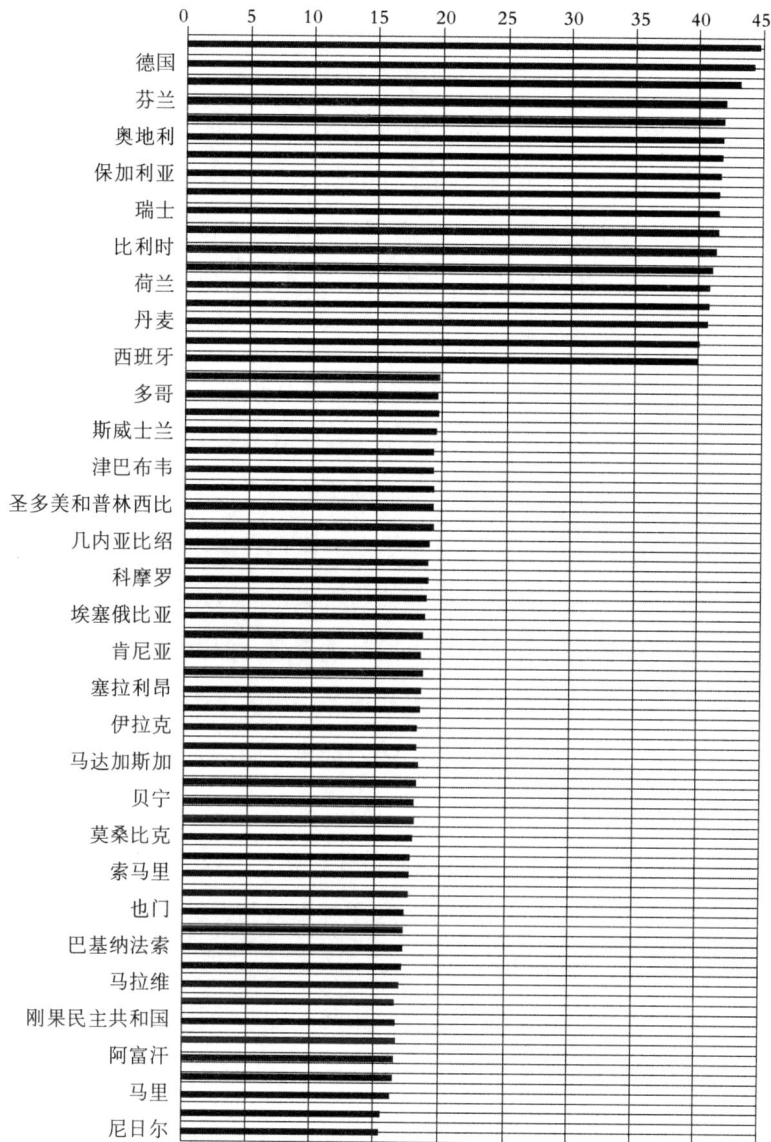

图 5-4　平均年龄最大和最小的国家

Source：United Nations，Population Division.

新兴经济体占全球股市资本化的份额在2000年至2010年间增幅超过了3倍（表4-1），且2009—2010年新兴市场交易所的IPO首次超过发达国家交易所。西方世界由于人均收入较高，其私人部门财富仍然占据绝对份额，但新兴经济体拥有高达81%的政府外汇储备，这也反映了20年间其不断飙升的经常账户盈余和强劲的资本流入。现在，巨额国有财富越来越多地被用于在世界范围内采购原材料和技术，并且为快速成长的新兴经济体的企业开辟市场。2010年，新兴市场外国直接投资已经占据了全球30%的份额，同时以收入计算，《财富》杂志500强企业中有近1/4的收入来自这些国家（在1995年只占4%）。

SWFs在为企业间的交易提供金融支持方面发挥了调配财富的重要作用，而这些企业既来自于发达国家也来自于其他新兴市场。国际金融向新兴市场的转移也对以单一货币为中心的国际货币体系形成了挑战。新兴市场拥有的大多数外汇储备，主要用于购买以世界货币美元表示的资产，一小部分购买以欧元、日元和少数其他货币表示的资产。但是美国经济正努力恢复到经济危机前的增长速度，同时进行严厉的财政整肃，这都逐渐削弱了美元的吸引力。最近，美国主权债务评级的下降与其在储备管理中绝对主导地位的下降开始同时出现，随着世界风向的转变，其他货币例如中国人民币、巴西雷亚尔和印度卢比将开始发挥重要作用（Eichengreen，2011）。通过将以美元为主的外汇储备多样化，SWFs在削弱美元国际地位中发挥了重要作用，并为多币种制度开辟了道路，甚至可能看到人民币完全可兑换的曙光（参见第7章）。

发达经济体保持着的唯一比新兴市场领先的经济指标就是债务：它们要对全球83%的政府债务负责。因为这些经济体不得不提高税收并重新界定公共部门的职能，这个巨大负担不仅在未来几年会削弱其增长的潜力，而且还会挤出一部分私人投资。加之新的金融法规要求欧洲和美国的银行大幅增加资本金，在资金充分供应和历史性的低利率过后的几年里，全球经济可能会进入一个资本稀缺时代，甚至导致"资本战争"。那时，新兴市场将凭借低负债、庞大的财富存量和高投资回报占据上风（麦肯锡全球研究院，2011）。

5.1 全球经济的东移——新丝绸之路

有一些统计数据可以说明世界经济转向东方，实现全球经济再平衡。图5-5中的数据明确描述了几个新兴国家人均国内生产总值占美国人均国内生产总值的比例。我们使用的数据来自2011年IMF《世界经济展望》更新的数据库。中国自实施改革开放政策以来，按购买力平价计算的中国人均国内生产总值从1980年美国人均水平的2%上升到2011年的近2/3。唯一与中国相类似的国家是韩国，从略低于20%增长到超过60%的水平。印度的人均国内生产总值增长了1倍，达到美国的7.4%。而巴西却出现了下降，从28%下降至24%。图5-6显示，巴西和印度占世界国内生产总值的比例相差越来越大。在20世纪90年代，这两个经济体所占比重基本相同，但是到2011年印度所占份额几乎翻倍，而巴西却略有下降。

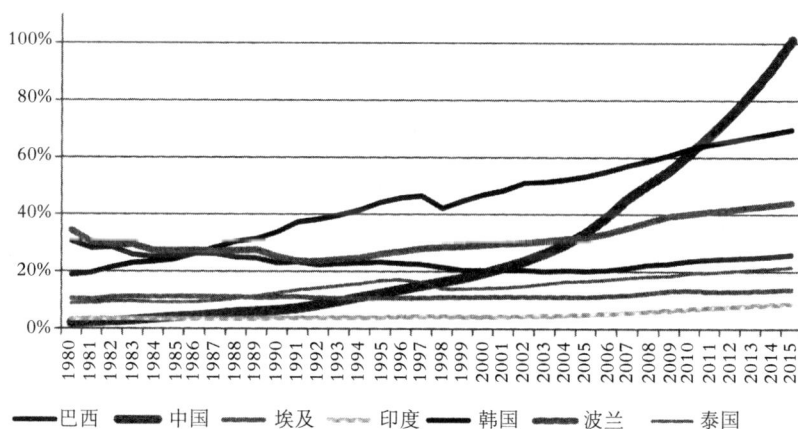

图5-5 人均GDP（按购买力平价）占美国GDP的比率

Source：IMF WEO Database.

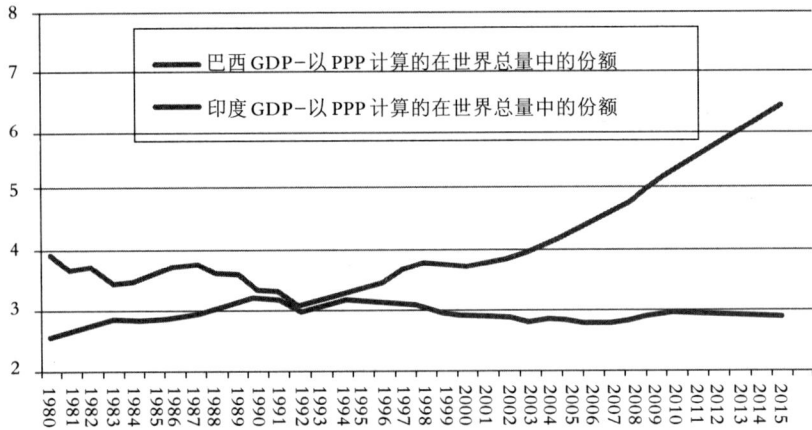

图 5-6　新兴经济体的相对规模

Source：IMF WEO Database.

从本质上来讲，亚洲是到目前为止经济全球化的最大赢家。如表 5-1
所示，从长期来看，中国和印度的觉醒使 19 世纪前曾经繁盛的主要经济
区域的力量归于平衡，欧洲帝国的剧烈扩张在 20 世纪达到顶峰时曾令这
些国家感到焦虑不安。

表 5-1　　　　　　　　　　　世界各国 GDP 的份额

	1870	1913	1950	1973	1998	2009	2015（f）
中国	17.3%	8.9%	4.5 %	4.6%	11.5%	12.6%	17.0%
德国	6.4%	8.8%	5.0%	5.9%	4.3%	4.0%	3.4%
法国	6.5%	5.3%	4.1%	4.3%	3.4%	3.0%	2.6%
意大利	3.8%	3.5%	3.1%	3.6%	3.0%	2.5%	2.1%
日本	2.3%	2.7%	3.0%	7.7%	7.7%	6.0%	5.1%
英国	9.1%	8.3%	6.5%	4.2%	3.3%	3.1%	2.7%
美国	8.9%	19.1%	27.3%	22.0%	21.9%	20.4%	18.4%
印度	12.3%	7.5%	4.2%	3.1%	5.0%	5.1%	6.3%
苏联	7.6%	8.6%	9.6%	9.4%	3.4%	4.3%	4.3%

Source：Maddison（2005）and IMF WEO Database for 2009 and 2015.

历史对贸易方式产生了强有力的影响，例如欧洲主要的陆路贸易线路依然沿袭了古罗马的通信网络，而几个世纪以来马六甲海峡依然是世界贸易的生命线之一。然而，新的运输技术或交通基础设施的扩充导致了现有网络的深刻变革。运输系统中，由集装箱运输、大型飞机和运输管理中IT的应用引发的革命已经打破了原有的均衡，并打造了一个世界范围的全新运输路线的空间构架。亚洲、中国以及日益增长的亚洲能源需求背后海湾地区的崛起，可以被解释为持续两个世纪的大西洋时代之后丝绸之路模式的重新兴起。两千年前，丝绸之路是连接整个非洲–欧亚大陆的商业贸易路线，即将东亚、南亚、西亚与地中海、东非和北非的一部分连接在一起。海上航线从红海延伸到东非、印度、中国和东南亚。当时，沿着丝绸之路及其海上航线，香料、茶叶、宝石、珠宝，当然还有丝绸，实现了跨洲交换。在许多世纪中，丝绸之路保持着主要贸易门户的地位。15世纪才开始走下坡路，并随欧洲、美洲的先后崛起而加速衰落，最终导致世界重心转向西方。在过去两个世纪里，大西洋优势在很大程度上依赖作为主要能源的廉价的碳氢化合物维持，这将盛产石油的中东地区不经意地纳入了西方的经济轨道。

由于包括亚洲和中东等多极世界的支持，丝绸之路（由中亚和海上航线通往马六甲海峡和阿拉伯世界）正在经历复兴。如果新丝绸之路是一张战略挂毯，那么，织成它的材料就是碳氢化合物、石油美元、消费品和技术、军事关系、劳动力迁移，甚至是宗教（Magnus and Castelli，2006）。这种战略互惠出自于两方面的缘由：

（1）新兴亚洲需要获得能源和资本的稳定供给。

（2）海湾国家能够依赖所需要的廉价商品供应、高收益的投资机会和移民维持其经济增长。

自2006年以来，中国已经取代美国，成为对中东地区的世界第一大出口国，据估计至2020年中国与中东的总贸易量能够达到5 000亿美元。中国50%的石油进口来自海湾合作委员会，到2015年这一份额将上升到

70%。新丝绸之路贸易额的飙升已经改变了世界贸易的重心：根据汇丰银行的数据，世界上前十大集装箱港口中，一个在欧洲、一个在迪拜、八个在亚洲（20年前中国任何一个港口都不在前十名之列）。

新丝绸之路不仅是商品贸易的渠道，而且也使得资本、劳动力、技术能够进行双向交流。大型项目激增：在能源部门，中国石化与沙特阿美石油公司、科威特石油公司合作在中国广东、山东、福建建立炼油厂；在物流领域，迪拜港世界公司提出共同开发中国天津集装箱港口；沙特阿拉伯北部的磷酸项目、吉赞经济城（Jazan Economic City）和沙特阿拉伯的生产设施都由中国国有铝业制造商中国铝业来运营。

SWFs在亚洲的投资中是一个活跃分子，它们更加关注组合投资。例如，阿布扎比投资局投资于印度的蓝筹股印孚瑟斯（Infosys）技术和沙普尔吉-帕隆吉（Shapoorji）；穆巴达拉在马来西亚的沙捞越走廊项目上投资了70亿美元；起亚投资于中国工商银行；卡塔尔投资局投资于JSM印度尼西亚地产基金（中国和印度）、莱佛士医疗（Raffles Medical）（新加坡）和中国农业银行。新兴亚洲与中东的政治合作虽然依然落后于经济金融领域，但也呈现出上升趋势。10年前为处理边界和安全问题成立的上海合作组织实际上已经成为中国、俄罗斯与其他中亚国家之间的经济合作论坛，且战略重心日益集中于能源领域。其他亚洲国家包括巴基斯坦、阿富汗、伊朗和印度也已经参加合作组织峰会，并且在未来几年有可能成为正式成员。中国与海湾合作委员会之间在众多领域达成了双边协议，包括石油、天然气和采矿，政治关系随之得到进一步巩固。沙特阿拉伯与中国的双边关系比过去得到了更快的发展。2006年沙特国王阿卜杜拉登基后首次海外出访的目的地并不是历史上沙特最强的盟友美国而是北京，这也是首位访问中国的沙特国王。这种政治合作可以理解为海湾合作委员会与许多亚洲国家希望达成的一系列自由贸易协定，这些亚洲国家包括中国、日本、巴基斯坦、泰国、新加坡、韩国和印度（有些协定已经达成，也有些正在谈判中）。海湾与亚洲日益频繁的政治合作同样也涉及了SWFs的活动。例如，起亚获得了中国境内有资质的外国投资机构（QFII）的身份，可以在上海证券交易所使用人民币进行交易。

虽然古丝绸之路经由印度大陆、中东、狭窄的中亚走廊，成为连接亚洲和欧洲的贸易网络，但是新丝绸之路还涉及非洲和拉丁美洲。严重的保护主义和西方国家的敌意迫使中国政府加强与其他亚洲国家和新兴市场的经济联系。这种模式已经涉及与非洲、中亚（哈萨克斯坦）、美洲的贸易关系，以确保食品供应和世界范围内的自然资源、基础设施的投资，特别是需要将商品运输到港口和其他运输节点的相关投资。

5.2 意外后果定律吗？中国金融实力的影响

当一个经济体能够在相对较短的时间内使其在世界GDP中的份额上升时，会引发各个层面的焦虑感。中国的快速崛起在全球资本市场中是一个热点话题，但是中国将其资本渗透到所有的新兴经济体，并且成为它们越来越重要的外国投资者。根据麦肯锡全球研究院的数据，2010年新兴市场资本流出总额高达9 220亿美元，超出资本输入总额30%。中国对新兴经济体的投资超过4 000亿美元，占投资总量的一半，迄今为止，中国已经成为在国外投资最多的新兴经济体。中国通过中央银行收购外汇储备和SWFs的金融投资的手段，实现了对外国的大部分投资。中国企业通过440亿美元的对外直接投资，试图收购原材料和土地、积累技术和商业专长，进入外国市场。

所有这些积极的行动似乎都带有政治目的，但是当我们深究时会发现，现实其实波澜不惊，并非那么险恶。历史告诉我们，中国对外直接投资（FDI）的崛起还有很长的路要走。1914年是当初动荡不安的全球化的最后纪元，此时英国对外直接投资额占世界对外直接投资总量的45%。随后美国成为最大经济体，同时也是最大的金融市场，到1976年其占世界对外投资总额的比例达到50%。目前中国内地、香港和澳门特别行政区仅占微不足道的6%。中国上市公司的总市值占全球股票市值10%以上，并且有些已经跻身于世界最大上市公司之列。如果中国资本市场能够更好地融入世界金融体系，那么中国实体踏入国外经济则是必然趋势[1]，只不过是国外公司进入中国的一种反照（mirroring process）。

大部分中国对外投资者活跃于制造业部门，并且越来越多元化。在制造业中又以纺织、机械和装备制造行业投资比重最为突出，这也反映出中国这些行业的出口能力。中国企业的对外投资主要是为了大举进入海外市场，其主要目的地是亚洲，其次是欧洲和北美。只有少数受访的中国企业在其他地区拥有海外投资。在未来的投资计划中，非洲将处于更重要的战略地位。

中国在一个部门中显露出了其追求更卓越战略目标而非短期金融利益的决心，那就是获得能源。在第3章我们看到了SWFs直接投资的地域和行业分布，越来越多的证据显示，中国和其他亚洲的SWFs正在涉足能源领域。然而，我们并没有深入研究这样的投资行为是否已经超过了纯粹金融利益动机。毕竟对于任何资产管理者而言，自然资源明显是追求多样化的一种选择。现在我们重新回到这个话题，具体分析中投公司的案例及其在能源领域的广泛尝试。

中国政府坚持认为，对能源部门的重视完全是依据金融原理而进行的考虑：能源大宗商品在面对通胀时能起到保值作用，此外像在前几章提到的那样，能源部门在2000—2010年获益颇丰，而且仍可能处于超级周期的上升阶段。众所周知的是，中国经济奇迹很大程度上依赖原材料的供应，但更关键的是，中国作为"世界工厂"本身就是以能源密集型产业构架为主。从20世纪90年代起中国已经成为一个能源净进口国，对于中国

---

[1] 对中国投资者的一项调查显示（由中国贸促会、欧洲委员会和联合国贸易暨发展会议组织合作推动），就投资规模而言，中国企业海外投资的比例已经占25%，主要是投资于中小企业（SMEs）。61%的中国投资者称，他们的海外投资额仍然低于100万美元，超过80%的投资在500万美元之下。只有极少数企业能够进行超过1亿美元的大规模海外投资。

来说，外部能源供应变得至关重要，尤其是其工厂仍然是高能耗、低效率的模式。因此，中投公司在这个领域的战略作用变得举足轻重。

一篇有趣的论文采用网络映射方法分析了SWFs投资，发现在2010年之前中投公司几乎100%的非金融部门直接投资均分布于采掘和能源领域（Haberly，2011）。中投公司在能源部门的投资相当集中（15%~20%的股份），通常使其成为最大股东；中投公司与中国国有企业的投资存在直接或者间接的高度重叠；中投公司投资的企业主要面向中国市场，中国的投资往往与承诺进入中国大陆市场，并且与中国国有企业签订有利可图的合同等条件高度相关。

政治对话以及与接受国合作的加强促进了中国在能源领域的投资。反映这种态度的一个最好的例子，就是过去几年中投公司活跃于资源丰富的加拿大，并于2011年成立中投公司多伦多代表处使其投资活动达到顶峰。2009年，由于全球金融危机背景下中国资本吸引力的增强，加拿大政府改变了政治策略，而2010年中国国家元首访问加拿大就是一种历史见证。两国双边关系的加强转化成了中国在加拿大能源和采矿业的投资浪潮：从2009年7月至2010年5月，中国在加的投资额超过100亿美元，其中中投公司投资了30亿美元，其余则是由像中石油和中石化这样的国有石油公司进行的投资。中石化收购的辛克鲁德集团（Syncrude Group）康菲石油公司9%的股份，价值达46亿美元，是迄今为止中国在阿尔伯塔省能源部门活跃着的石油生产企业拥有的最大股份，这使中国获得了辛克鲁德集团提供的总量为51亿桶的潜在石油储量（中投公司，2010）。

哈伯利（Haberly）（2011）认为像美国和日本一样，"显然，中投公司与中国国有采掘公司共同追求的资源收购战略与早先崛起的工业化国家的战略有重大分别。"尽管早期战略直接针对海外资源的储量——美国战后在中东地区推行的明智政策——但是目前中国战略目标是国外的资源公司，通过加强对母公司和子公司的直接投资，从而建立长期的全球伙伴关系。中国在澳大利亚（例如中投公司投资于Fortescue，澳大利亚第三大铁矿石生产商）、美国（中海油投资得克萨斯州的石油和切萨皮克能源的天然气业务）、法国（以前提到的中投公司入股法国苏伊士燃气集团）采取了与在加拿大颇为相似的策略。显然，中投公司与其他国有企业联合在能源部门投资的策略与中国政府的走出去战略是完全契合的。

中国是全球自然资源市场上的后来者，而且几乎所有有价值的重要能源都已经被西方企业集团插手。因此，中国对自然资源的出价明显超出西方企业的标准就可以理解了。事实是中国需要进行外汇储备的投资，同时也面临困境：是以上涨的价格购买自然资源还是选择以进一步上涨的价格购买美国债务。

换句话说，美国国库券的价值在某种程度上说只是一种错觉，而中国的购买强化了这种错觉。因此，即使中国在自然资源方面进行溢价投资，也比投资于以贬值货币计量的低收益资产好得多。其他亚洲国家也纷纷效仿中国在国际能源领域的投资策略。印度正在从外汇储备中拨出 100 亿美元成立 SWF，用于收购海外的石油、煤炭和天然气等自然资产。

无论如何，中国近期的策略近乎更加成熟，而且在进行交易时都会进行严格的风险/收益评估。变化可能即将发生，如果世界银行和 IMF 能够更多理解中国的做法，那么中国可能更愿意与这些机构合作，在下一节中我们会看到 SWFs 在非洲的活动。

5.3 SWFs 在欠发达经济体中的投资行为：非洲作为最后的投资前沿阵地

根据世界银行的数据，从非经合组织新兴经济体①流向非洲的基础设施

---

① 经合组织只包括少数几个新兴经济体：智利、墨西哥、波兰、韩国、捷克共和国和土耳其。金砖四国(中国、印度、俄罗斯和巴西)均不是经合组织的成员。

项目的组合资源可以和传统经合组织的国家援助或者私人投资者的资本相媲美。最大的非经合组织投资方包括中国、印度和海湾国家；中国是撒哈拉以南非洲基础设施建设的最大贡献者（Foster 等，2008）。新兴经济体尤其是中国在非洲的投资吸引了许多政策制定者和媒体的关注（与常规批评）。

中国在非洲的基础设施投资的最大接受国是类似尼日利亚和安哥拉这样的大型石油出口国，融资条件一般都是基于与自然资源出口相关的还款计划（所谓的安哥拉模式）。批评往往基于这样的事实：根据中国进出口银行的资料，中国投资（例如环境标准）与经合组织官方的发展援助相比所要求的限制条件更少。有些国家由于政治原因被经合组织官方发展援助排除在外，而中国在进行投资时对这些国家一视同仁（例如苏丹和缅甸）。

国际发展援助的圈子传统上由发达经济体所主导，因此中国的加入不可避免地会引起发达经济体在外交上的横眉冷对。

然而中国和其他非经合组织新兴经济体的新角色应该被视为南南贸易关系的扩大。中国在非洲基础设施领域的战略重心——特别是发电和运输——反映了中国在工程行业的竞争优势，这恰恰填补了非洲在基础设施领域的空白。在另一方面，非洲已经成为能源出口国，而且基础建设的改善对其潜能的开发至关重要。在这种情况下，中国、印度和非洲日益密切的联系只是李嘉图比较优势理论的一种现实表现。当综合考虑国际企业在非洲进行的投资总量时，通过对比就能够看出对中国的批评是不公正的。中国在非洲能源领域的直接投资——世界银行给出的数字为 100 亿美元——在国际投资总量中（1 680 亿美元）所占的比重非常小；事实上，大多数的非洲石油出口主要面向经合组织成员国，中国在其中只占 16%。

中国和其他新兴经济体在非洲进行投资是为了建立长期的战略伙伴关系，这也与发达经济体的目的不同。中非发展基金（CADF）是中国政府在 2006 年北京峰会上披露的八项举措之一，为的是建立一种新型的中非伙伴关系（Monitor 集团，2011）。中非发展基金已经承诺出资 30 亿美元与寻求进入非洲市场的中国风险企业共同投资，其投资主要集中在大宗商品部门，但也分布于包括制造业和服务业在内的其他部门。伊斯提斯马尔、迪拜的SWFs和卡塔尔迪亚尔投资公司同样活跃于非洲的房地产和旅游市场，而利比亚投资局则通过其子公司利比亚-非洲投资组合和阿拉伯-非洲投资公司开展了多种投资项目。

最后一点，在大宗商品热潮后，SWFs也开始在非洲升温。尼日利亚、莫桑比克、加纳、安哥拉、坦桑尼亚和其他非洲国家——包括像毛里求斯这样的非大宗商品出口国——都已经或正在建立自己的SWFs，这将有利于非洲以外的SWFs的投资，同时有助于识别和管理投资机会。

非洲的内外部实体进行的投资非常青睐私人股权，而私人股权投资也确实得到了蓬勃发展。由于私人股权创办和培育了当地企业，因此比官方的发展援助具有更深远的影响。SWFs是有能力承担前沿经济体内在风险的极少数投资者之一。

5.4 新金融地理：新兴多极化金融构架

经济重心向东方转移导致了金融地理的重塑。亚洲新兴经济体在经济危机后迅速反弹（不同于成熟经济体），并且会继续反弹。但是其反弹速度受多种因素影响，最重要的是建立一个能够对企业起到良好监管作用且一视同仁的法律和制度框架的能力。

金融体系堪称一个连接许多节点的多维复杂网络。在这个网络的中心是华尔街和伦敦，直到最近，重大交易都要经过这些中心进行分析和完成，在这里能够实现金融创新和财富的聚集与配置。

少数其他中心如东京、法兰克福、香港特别行政区、芝加哥、苏黎世都拥有众多的机构（野村证券、瑞银、德意志银行），因而这些经济中心将发挥重要作用，有时其作用也可与重要中心相媲美。像慕尼黑、圣保罗、多伦多、旧金山、巴黎和上海这样的地区或行业中心将会在经济网络的外围发挥作用。

发生在世界上任何地区的任何重大交易都会涉及华尔街或者伦敦，如果跨区域的话，还有可能同时涉及华尔街和伦敦。这种安排由于三种主要原因而显得越发抱残守缺。

（1）伦敦和纽约之所以能成为主要金融中心，是因为它们以前服务的主要对象是资本输出经济体，而现在却是资本输入经济体。

（2）这两个重要的节点（有些居于次要地位）受不良资产阻塞，而清理这些不良资产本身是个漫长且痛苦的过程，并且没有必定成功的把握。

（3）这两个中心均采用宽松的监管框架，这里所聚集的风险对世界稳定而言是难以承受的，必须被化解。

根据麦肯锡全球研究院（2011）的资料，1999年最大的跨境经济关系发生在美国、西欧与成色稍减的日本之间。由于美国实体经济与一半拥有突出国际金融地位的实体建立了伙伴关系，因此美国居于主导地位。10年后，跨境投资金融网络必将更加复杂：美国在跨境投资中的份额将缩减至32%，这反映了欧元引入，尤其是欧洲经济力量增强以及与新兴市场之间的联系更加复杂化以后，西欧跨境投资的飙升。

新兴市场不仅已经成为西欧和美国的主要竞争对手，而且不同新兴市场间的关系也取得了突破性进展。在经济危机前，南南关系的发展速度两倍于其与成熟经济体间关系的发展速度，而且增长速度在经济危机后有望逐步恢复。随着多极化世界的出现，金融框架演化成许多国际金融中心连接而成的蛛网，由于全球深化的资本市场和复杂监管，国际金融中心既能够从自己所在地区也能从其他地区吸收多余资本。2000年全球首次公开募股（IPO）的数量达到2 080亿美元，伦敦、纽约和其他发达经济体证券交易所占据了其中的90%。新兴市场的公司由于急于募集资金，不得不在历史最为悠久的股票市场上市。2010年全球IPO总量为2 800亿美元，发达经济体股票市场所占份额跌至40%左右。香港特别行政区、深圳和上海股票市场首次公开发行额为1 250亿美元，可以与美国和伦敦的新上市公司规模相媲美，因此也吸引了越来越多发达经济体的公司，如在香港上市的嘉能可（Glencore）和普拉达（Prada）。

毫无疑问，金融危机加速了金融地理的重塑。金融机构间已经破裂的信任将使任何试图恢复信任的尝试陷入困境。此外，这场金融危机充分暴露了许多"大到不能倒"实体中的道德风险，所有的业务都分布在两个或者三个主要中心，使金融体系变得更加脆弱，并威胁世界经济的稳定。

由于这些原因，金融中心网络要迅速取代当前的中心辐射系统，一个具有内部联系的网络系统将更加灵活、有效，并且具有抵抗力。换句话说，如果一个印度投资者想投资于一家巴西公司，它可以绕过纽约而直接在孟买或者迪拜进行操作，而且，如果有必要还可以从多地征召专家和人力资源。可以想到，网络中的这些节点并不相同，在一定区域中其中某些具有较高的专业化程度，而有的则享有专业能力和知识带来的规模经济。但从本质上讲，每一个金融中心都将发挥自己的功能，而且每一个金融中心对于维护全球系统的稳定性都是必不可少的。例如，使金融机构能够重建其资本的基金，将来自于拥有巨额经常账户盈余和庞大外汇储备的国家（日本没有从20世纪90年代泡沫经济的破灭中强劲复苏，被排除在外）。这些国家位于全球金融体系的外围，由于在未来几年它们与主要经济中心的关系依然不能得到改善，它们之间自然会建立起更加密切和直接的关系。中国内地与香港特别行政区、远东、中东、印度次大陆以及稍逊的东欧、拉丁美洲的投资者、基金、银行和公司会发觉彼此间进行直接贸易更加方便。这种分散化将转而影响金融中心，在这些金融中心，金融机构稳固、监管框架有效，实体经济而不仅仅是金融资产具有增长和创造价值的能力。

然而迄今为止，还有一个方面没有提及，即SWFs或者FWFs对新金融架构的塑造作用或许至少也有一定的影响。SWFs对于在金融中心外围建立联系、获得纽约或者伦敦以外开展业务的能力等既有政治影响力、金融手段，也有兴趣。这个趋势已经非常明显。过去一直通过金融中心才能促成的新兴经济体之间的大规模交易，现在变成了直接交易。拥有巨额经常账户盈余和国外净资产的中国是其中的佼佼者，而包括海湾合作委员会在内的其他地区则越来越多地开始走出传统狭窄的贸易圈。

巴西百达（BTG）是巴西独立的投资银行，SWFs合伙公司向其注入18亿美元的新资本。巴西百达主管安德烈·埃斯特维斯（Andre Esteves）认为这项交易传递出的是"新金融秩序的一种信号"，并且，总体上来说代表了SWFs踏入巴西特别是拉丁美洲的第一大步。这项投资由包括新加坡政府投资公司、中国的中投公司和阿布扎比投资委员会在内的9只基金共同操作，标志着有史以来在巴西进行的最大规模的SWFs投资。安德烈·埃斯特维斯认为这一新资源是巴西百达跨出巴西的一种尝试，其可能的扩张区域包括墨西哥、哥伦比亚、智利和秘鲁。

5.5 全球金融市场美元的主导地位：SWFs作为美元多样化的一种手段

最近一项调查显示，央行储备的管理者控制的美元超过8万亿（瑞银集团，2011），美元将在未来的25年内失去其现在的地位。前几年进行的类似调查显示，大多数的央行储备管理者认为美元将继续维持储备货币的地位。最近的一份世界银行报告与中央银行家们所持有的观点相同，认为在未来15年中将形成以美元、欧元和人民币为中心的多元国际货币体系。

这种转变主要源自于50年来美元主导地位的削弱。在第二次世界大战后，美国占大国产出组合的一半份额（那个时代的发达经济体包括日本和苏联），它是世界上最大的进口国和出口国，也是国外资本的重要来源。因此，大量的国际贸易和国际金融业务用美元来结算是理所当然的。现在由于欧洲和日本等成熟经济体的赶超和巴西、俄罗斯、印度和中国（金砖四国，表5-1）的发展，美国已经不再具有主宰性的经济地位。

美国已经不再是世界第一大出口国（中国和德国争夺榜首），而且其国外直接投资的比重也不足20%。尽管其经济主导地位遭到侵蚀、背负巨额公共债务等在很大程度上是一种历史遗留问题，但美元依然是世界货币。根据IMF提供的信息，2000年美元主导的外汇储备占全球外汇储备的70%，而到2009年已下降至大约62%，但依然远远高出世界第二大重要外汇储备（欧元）所占的份额（27.5%）。原因有很多，比如美国在世界上依然奉行强权政治和军事威慑，但当前最主要的优势是：因为大多数国家使用美元进行贸易结算，所以没有任何一个国家能够真正远离美元（Eichengreen，2011）。美国正在承受的金融危机和随之而来的财政挑战（因标准普尔下调美国债务评级而加剧）削弱了现有优势，更重要的是增强了新兴市场外汇储备多样化的紧迫感。

据估计，目前中国65%的外汇储备都投资于以美元主导的资产，这也使得中国成为世界上持有美国纸资产——绝大部分为美国国库券——最多的国家。最近中国开启了循序渐进的人民币自由化与国际化的进程，这个工作基于以下三个方面展开：

（1）在跨境贸易结算中增加对人民币的使用；

（2）使人民币成为投资工具；

（3）使人民币成为国际储备货币（世界银行，2011）。

自2009年以来，中国开启了人民币跨境结算业务，准许更多的跨境贸易以人民币结算。自此以后，中国人民币结算贸易总额迅速增长，至2011年第1季度已达3 600亿元人民币（550亿美元），占中国贸易总额的7%（2010年为3%）。随着公司能够使用人民币进行贸易，它们在香港特别行政区积累人民币存款，因为大多数此类交易在此进行结算；因此，香港特别行政区也在逐步成为主要的人民币离岸金融中心。根据苏格兰皇家银行的数据，截至2011年3月香港特别行政区人民币存款规模已经达到4 500亿元，且中国官方估计这一数据有望在年底实现成倍增长，达到9 000亿元人民币。香港特别行政区保有的离岸流动性的不断增加刺激了对人民币投资工具的需求，中国政府正在通过发展离岸人民币债券市场进行应对（阶段2）。

自从2007年7月中国国家开发银行在香港特别行政区首次发行人民币债券，所谓"点心债券"的发行也逐渐增加。发行者不仅包括在人民币离岸市场融资成本低的中国银行，还包括像大众、联合利华和卡特彼勒（Caterpillar）这样的跨国公司，更重要的是包括对人民币作为未来储备货币充满期待的中国政府。至2011年3月"点心债券"的价值已达到800亿元人民币，相对于国际标准尚显稚嫩，但上升势头明显。人民币成为国际储备货币时间表的第3阶段依然不确定，因为它的实现需要人民币资本账户实现自由化。2011年中国政府1月份取消了中国企业人民币海外直接投资的限制，6月提出人民币境外直接投资要区别对待，更大的在岸投资自由度，跨境借贷自由化并取消必要的投资组合流量的限制。根据德意志银行推测，这些有可能在未来的5年内发生，这较之前的12~20年的时间预期更快。人民币国际化对中国而言为什么如此重要？在这种情况下SWFs的作用到底是什么？

作为美国国库券国外最大的官方持有者，中国目前面临的困境是在不损失累积主权财富的情况下如何降低美元储备。如果中国迅速减少持有美国国库券的数量，美国国库券的价格会下降，同时中国也会承受巨大损失。过去几年，外汇储备大额持有国都在投资于欧元，但由于欧元区的困境以及中国外汇储备的巨大规模使得其他货币不能够提供足够的流动性，投资欧元也失去了吸引力。更重要的是，由于世界大多数国家依然使用美元进行贸易，尽管中国不情愿也不得不持有大量美元资产作为外汇储备。

如果国际贸易使用人民币结算会有什么不同吗？当然不同。中国将不再需要持有大量外汇储备，中国能够根据需要印制本国货币以维持收支平衡或者补贴国内生产。但是，人民币的国际化道路依然漫长，尽管SWFs成为减少美元曝光率的手段。在2007年通过向中投公司转移一部分外汇储备——最终会在未来转移更多或者中国政府建立新的SWF^①——中国需要建立抵御美国通胀的机制，因为美元通胀是解决美国目前财政危机政治阻力最小且最有诱惑力的方案。

5.6 SWFs与金融机构的新监管环境：即将到来的"资本战争"

2007—2008年的经济危机过后，在20国集团和金融稳定委员会的联合推动下，有关银行和其他金融机构的新监管框架正在研究中。从场外衍生品交易监管到所谓的"大到不能倒"问题（系统性相关的金融机构威胁全球金融稳定），正在实施的各项监管措施将导致银行的资本要求迅速增加。《巴塞尔协议Ⅲ》规定的资本充足率将在未来10年分阶段实行，到2019年彻底付诸实施。届时金融机构将不得不筹集大量的资本金（除了经济危机后为弥补不良资产和主权债务而筹集的资金）。

根据麦肯锡全球研究院（2010）的估计，到2019年欧洲银行系统需要额外一级资本大约1.1万亿欧元（股权和准股权的融资更加昂贵）。较小的美国银行部门只需要额外一级资本0.6万亿欧元。缩小这一差距将对盈利能力产生重大影响：假设其他条件不变，《巴塞尔协议Ⅲ》的全面实施将降低银行的净资产收益率，其中欧洲银行平均降低4%、美国银行平均为3%。简而言之，银行融资会更加昂贵，银行将不愿意放贷，而非上市公司则更加偏好银行融资的替代品。

随着银行逐步减少跨境贷款并将资本带回国内，整个金融业均会感受到新资本要求的影响。在2008—2009年的经济危机中，所有类型的跨境资本流动都迅速下降，但是在绝对数值上，下降最大的是银行跨境贷款。

---

① 中国在2011年末声明，除了中投公司，将建立另外一只SWF专门负责国外并购任务。据媒体报道，新成立的SWF将接手3 000亿美元的外汇储备，意在进行欧洲与美国的股权投资。

2010年银行跨境贷款得以复苏，但仍然低于2007年峰值时的4万亿美元，而且在短期内也不可能恢复到经济危机前的水平（麦肯锡全球研究院，2011）。由于监管者需要将更多资本分配给关系密切的国家以避免任何未来的政府紧急援助，几家金融机构正在通过退出非核心市场尤其是新兴市场，将资源转移回国内。

在第2章我们已经指出，SWFs和FWFs将是长期资本的主要供给者，而且其成本与收益均受资本稀缺性影响。这个问题与所谓的储蓄过剩逆转交织在一起，可能随着世界人口老龄化和高速增长经济体基础设施投资的深化而趋于恶化。

第6章　SWFs契约中的政治学

我们在第1章中提到，政策制定者、经济学家和一般公众认为，在成熟的经济体中，金融市场是对私人实体和投资者的一种保护。除了监管职能外，政府的参与仅限于发行公共债务（通过金融中介机构），偶尔出售国有企业。从本质上说，当政府进入金融市场时，它们处于卖方。不过也有例外，比如在日本和意大利的公有银行和经营零售银行部门的邮局。但是在20世纪90年代，经过一波波私有化的浪潮后，它们变得所剩无几。在这些经济体中，政府部门的直接作用一直在减弱。

公共部门与市场的主要接口是中央银行，中央银行通常通过货币和外汇市场进行操作，主要是为了实现货币政策目标而不是获得收益或利润。正如第3章所强调的，中央银行储备被投资于流动的高级证券，以确保国内经济主体获得商业、旅游或投资所需的外汇。在西方，中央银行不从事积极的资产管理，但是为对抗外部或国内的冲击，需要维持一定量的金融"火力"。

在发达经济体中，许多完全国有或国家控制的企业正在被私有化。在20世纪90年代，资本主义世界里，前中央计划经济体的成功整合过程已经完成。因此毫不奇怪，在主要的经合组织国家中，当它们在金融市场进行收购时，政府拥有的国外实体会增加焦虑感。全球化本身最初是一个过程，它主要是由私人企业在国际扩张中的竞争、私人投资者跨国配置金融资本所驱动。政府的作用应该是保证关键性的游戏规则——特别是贸易自由化和资本的自由流动——按部就班且不被滥用。

2007—2008 年的危机使人们对私人部门的全球扩张和政府在经济和金融事务中的作用持续减弱产生了质疑。2009 年《金融时报》以"资本主义的未来"为主题发行了一本增刊，这本书表达了对投资银行家所致混乱的严厉批评和对自由市场未来前景相当悲观的评价。

大衰退标志着在金融市场几乎要崩溃的大多数发达经济体中，政府在经济事务中的一个出人意料的收获（Bremmer，2010）。事实上，在大批的国际金融体系国有化和政府对"战略"行业（如汽车业）开出空头支票以后，公众对国家主导投资的狂热有所下降。这种来自政府对 SWFs 影响的危险警告听起来是荒谬的。至于透明度，西方当局采用的标准还远远不能满足需求。归根结底，当破产的银行家和基金经理在争夺公共资金时，公众还一直被蒙在鼓里。

从历史的角度看，政府和国有企业往往在生产部门、区域和不同社会群体的资本配置中发挥着重要作用，最极端的情况是中央计划经济。而且在许多非中央计划经济体，尤其是欧洲在二战后的几年里快速的资本积累，通过以优惠条件（例如补贴）分配公共资金或建立国家控制的企业等战略，国家在战略部门发挥了重要作用。就此而言，可以说许多国家经历过政府对经济事务的干预，只不过强度不同、区域不同（Yergin and Stanislaw，1998）。当今，在一些国家如沙特阿拉伯，"国家资本主义"所担忧的是在全球化时代它们所发挥的作用。在大多数西方国家，政府所涉经济事务仅限于国际含义不足的国内问题，具有地缘政治含义的几个行业可能除外，如能源行业。在大多数 SWFs 和 FWFs 的兴办国，当多数基金投资于海外并且情形复杂时，政府的角色有一个独特的国际维度——例如在海湾国家经济体——SWFs 是财富创造和分配的一个关键支柱。在这些经济体中，拥有地下财富的政府通过国有控股公司控制其商业开发，并负责在国内对租金进行再分配。一些非大宗商品出口国同样如此，要么是国家通过控制国家控股公司拥有或直接控制大部分经济系统（如中国），要么是统治阶层的经济利益和国家的整体经济利益达成一致（如新加坡）。令人疑惑的是这些国家的政府在控制如何将国家盈余投资于国际市场时是否发挥了普遍作用。

6.1　SWFs作用日益提升的国内反应

西方对SWFs和其他国家控股公司在全球市场频繁活动的最初反应发生在国家层面，集中表现在对外国投资监管的审查上。监管反应主要是由公众舆论压力攀升下的特定事件引发的，尽管它只是对国有控股的投资工具在全球市场的日益重要作用怀有紧迫感的简单反应。在美国，这种活动实际上并不是由SWFs进行的投资，而是2005年迪拜港世界所为，这是一个设立于阿联酋（UAE）的局部国有化公司，随后在迪拜国际金融中心证券交易所上市，接管了美国一些港口的管理，作为其购买英国港口运营商P&O的一部分。

作为围绕着迪拜港政治争端的结果（在前言中描述），2007年美国修改了《外国投资和国家安全法案》，扩大了美国外国投资委员会（CFIUS）的审查范围。布什总统曾经强烈支持这一法案，他只是担心阻挠可能会对外国投资者传递错误信号以及国会对这一法案的反对。该法案扩充了条件，美国外国投资委员会必须针对两种情况进行满45天的调查：第一，涉及收购关键基础设施的交易；第二，由外国政府、外国政府控制的或依外国政府旨意行事的任何实体进行的收购。自2007年法案修改以来，美国外国投资委员会的审查数量翻了一番，所谓"缓解协议"和外国投资撤出的情况也急剧上升。美国外国投资委员会的范围和权力的扩张并没有阻止美国政客对实施更多监管的游说活动。

在澳大利亚，中国国有矿业公司中国铝业在2008年收购了矿业巨头力拓9%的股权，此举阻止了澳大利亚最大公司BHP的接管计划。继此举之后，澳大利亚财政部发布了另一套针对国家背景的外国投资准则，根据该准则，外国投资审查委员会必须考虑潜在投资者的运作是否独立于各自的政府。以在美国的迪拜港世界为例，这些标准的引入是在国有控股公司而不是在SWFs出价以后。然而，澳大利亚的规则扩展到了中介机构层面，如私募股权基金，因为，在其中国有企业可能拥有股份。

在其他国家，政策用来应对所虑及的迫在眉睫的威胁。例如，在德国，一项保护国家利益的新法律在2008年突然被排在政府议事日程的首位，并导致其《外贸法》的修订。一个类似于美国外国投资委员会的新部际委员会成立，它有权阻止非欧盟国有背景的投资基金对德国公司的收购，这些公司可能涉及"国家安全"领域或者"战略性基础设施"。

审查的门槛定为25%，并且授予委员会在投资发生三个月后撤销投资的权力。这项立法不会影响来自德国在欧盟的26个合作伙伴以及来自冰岛、挪威、瑞士、列支敦士登的投资者。当法律文本被德国内阁认可时，当时的经济部长迈克尔·格罗斯（Micheal Glos）表示该法案将在"最大约束"层面上付诸实施，注意：在德国公司中拥有超过25%股份的外国投资者并不罕见 (Kern，2010)。

除了美国、澳大利亚和德国，其他国家还通过了针对外国政府控制的投资工具或公司投资的具体规定。例如，在2008年5月俄罗斯国家杜马通过了新的《外国投资联邦法》，这项法律针对于在国家安全与防卫上具有战略意义的公司[①]。它限定了外国在俄罗斯投资的条件，设立了外国在俄罗斯战略部门投资的审批程序，具体涉及从武器、军备到自然垄断的42项活动，并出台了每项活动的变更需要的门槛。法国并不是通过收紧对外国投资的立法，而是通过选择建立自己的SWF来保护战略产业免受外国"大鳄"的接管。2008年10月，法国总统尼古拉·萨科齐宣布建立法国的

---

① 法令57-FZ，由总统于2008年4月29日签署并从2008年5月7日起生效。

第一只SWF：基金由法国国有银行(CDC)管理，这是一家公共金融机构，负有公益性的金融使命，当时其管理的资产大约是2 000亿欧元①。意大利当局也正在考虑相似的事情，以应对拉克塔利斯公司（Lactalis）的接管，它是帕玛拉特在法国的乳业公司，同类的公司在经受了前主人卡利斯托·坦泽（Callisto Tanzi）严重的欺诈后幸免于破产。对于法国，建立一只SWF的决定并不是释放出将新兴市场怀有敌意的投资基金作为潜在威胁的信号，而是代表重整国内产业政策的意愿。

在此期间，以下事实很快变得清晰可见，每一个国家对如何规范SWFs的投资都有自己的看法，体现在其机构、监管和政治结构上。这反映了在解决跨境投资问题时国际层面缺乏显著的努力。虽然WTO已经将自身确立为处理自由贸易区国家之间争议的国际论坛，但是当它涉及外国投资问题时，却没有相应的国际论坛。除了经合组织在名为"投资自由、国家安全和战略产业"的计划背景下已经开展的一些工作，跨境投资的国际准则仍有待进一步商榷②。

2007年秋，个别国家在对抗SWFs和其他基于资本自由流动的国家控制工具方面采取了临时性措施，这一措施的决定性影响日益受到关注，致使G7财长要求经合组织和IMF制定指导线，确保公平的国际游戏环境。

6.2 SWFs作用日益提升的国际反应

2007年，在美国政府采取主动之后，围绕SWFs的政治辩论经历了从

---

① Un Fondo Sovrano Per la Francia, *Il Sole 24 Ore*, 17 October 2008.

② 投资过程中的自由,自2006年以来,投资委员会举办的政府间论坛,汇集了来自世界各地50个政府的定期圆桌会议交流投资政策信息和经验。在这里,政府为公开、透明和非歧视性的投资策略制定指导方针。然而,这一举措对于政府是没有约束力的,无法与世界贸易组织在确保全球层面的自由贸易中扮演的角色相媲美。

国家到国际层面的转变。早在 2007 年 6 月，围绕迪拜港世界和黑石政治争论相关的官方言论，负责国际事务的美国财政部副部长科雷·劳瑞（Clay Lowery）提出了 SWFs 国际发展的最优方案，并呼吁进行国际谈判。同时，他呼吁 IMF 和世界银行就此问题组成联合专案组展开工作，即使 SWFs 的创办国及其投资国都属于这些国际组织的成员也应如此，劳瑞补充说："IMF 在更广泛的系统性问题和宏观经济问题上具有必要的专业知识，例如与财政政策相关的知识"。在现实中，将这个任务安排给一个不易显现出国家政治印记的超国家组织，似乎是避免下述可能性的最佳途径，也就是个别国家最终可能会以国家安全为借口阻止资本自由流动。

继七国集团(G7)之后，2007 年 10 月，包括个别国家或国家集团的几个发起者经常与圈定的 SWFs 协商，这些 SWFs 被认为对 IMF 的积极倡议提供支持和政治动力。2008 年 2 月，欧盟委员会(European Commission)开始与 SWFs 进行沟通，这些 SWFs 反对国家层面上的附加管制，呼吁尊重有关资本自由流动的欧盟条约，对经合组织与国际货币基金组织（欧洲委员会 2008 年）精心制定的国际政策的反响表示充分支持。同时，承认了 SWFs 对稳定金融市场的积极贡献，委员会保证它不会针对投资于敏感行业的基金制定立法。但是如果"自愿"的手段未能达到相应的透明度，它将保留这样做的权利。

该委员会介入一个在过去鲜有涉足的领域的理由是需要规定一个一般性方法，以规避欧盟成员国可能扭曲其内部市场的单边行动。欧盟委员会为 SWFs 议定了一个"代码"，确立了 5 大原则，包括：

（1）承诺在欧盟和其他区域提供开放的投资环境；

（2）支持国际组织的多边工作，如 IMF 和经合组织国家；

（3）在欧盟及其成员国层面上使用现有的工具；

（4）尊重欧共体条约的义务和国际承诺，比如在 WTO 框架下；

（5）比例性和透明性。

按照欧洲对 SWF 投资共同框架的全球工作的贡献，欧盟把重点放在

"更大的清晰度和对SWFs治理的深入了解"以及"它们活动和投资中的更大透明度上"。

为了提高透明度，欧盟特别强调"投资头寸和资产配置的年报披露、杠杆使用和货币构成、实体资源的规模与来源的披露以及兴办国管理与对SWF治理监督的披露。"欧盟委员会主席曼努埃尔·巴罗佐（Manuel Barroso）的表达似乎相当明确，他声称"在透明度，治理和问责方面，挪威的主权财富基金堪称典范"，因此，依此设置一个基准来判断其他SWF。欧洲委员会表达的自由立场已获欧洲国家首脑的批准，在接下来的一个月里没有任何的显著保留成分。

2008年4月初，为了响应G7在2007年底的请求，经合组织公布了名为"SWFs与接受国政策"的第一份报告。该报告是由30个国际经济合作与发展组织成员国、14个参与项目的非成员国开展工作并与SWFs集体磋商的结果。报告的目标是为SWFs投资的接受国提供一条指导线，它是基于经合组织在已提出的"投资自由、国家安全和战略产业"计划的框架下开展的工作。经合组织的四大关键准则——透明度、可预测性、比例和问责制——应该指导政府去设计和执行对内投资的约束政策来减轻国家安全方面的忧虑。重要的是，由经合组织列出的原则中，互惠原则不在其中。这是自由主义（英国捍卫）和更多保护主义（法国坚守）之争中最可能产生的问题之一。经合组织的报告还强调对这些承诺的"同行评议"，保证原则的广泛适用。

然而，IMF的首创行动，成为终结SWFs自愿普遍接受原则与惯例的最重要的国际努力。在IMF和世界银行春季会议后，2008年4月，"SWFs国际工作组"（IGW）正式成立，它授权终结了《SWFs公认的原则与惯例》（GAPP）。工作组由IMF货币与资本市场部主管杰米·卡如纳（Jamie Caruana）和来自阿布扎比财务部门的哈马德·赛韦迪（Hamad al Sawaidi）共同执掌。在几个月之前，包括美国、欧盟和国际机构在内的高端发起者创造的政治动力和包括来自最大SWFs的代表们为最后的成功铺平了道路。2008年10月，国际工作组（IWG）宣布终止"《SWFs公认的原则与惯例》，在智利首都举行的第三次会议后被称为《圣地亚哥原则》。在详细查看这些原则之前，它启发我们深思SWFs在达成这一妥协中所起的作用。

6.3 SWFs对国际压力的反应

与美国P&O被迪拜港世界接管相关的政治冲突对中东的SWFs来说是一个警钟。这绝对不是对外国收购的首次反应，所以事后看来这应该是事前的一个公关活动。相反，这是一个公关的失败。美国国会议员缺乏处理此事的先进知识，美国外国投资委员会的工作对国会和美国公众来说都是一个谜。

此后，最大的SWFs在它们的组织中建立了公共关系职能，但这并不足以对付那些国际动议。在2007年6月，由在美国财政部负责国际事务的副部长科雷·劳瑞制订的最初方案受到了SWFs严厉批评，因为这是家长制作风，对它们和新兴市场不公平。例如，起亚的巴德尔·萨阿德(Bader M. Al Sa'ad) 认为："是直言不讳的时候了，接受国正在给SWFs戴上手铐，其表现形式为：监管条款、乔治·奥威尔（George.Orwell）"新话"的最优传统、行为规范、操作原则或最佳方案。"[①]其他SWF的代表发表了类似的评论，包括俄罗斯副总理阿列克谢·库德林（Aleksey Kudrin），他指出西方对待外国投资的态度前后不一，他认为只有当资本从新兴市场流向工业化国家时，外国投资才成为一个问题。沙特阿拉伯货币局(SAMA)负责人穆罕默德·贾舍尔（Muhammad S.Al Jasser）评论说，SWFs没有违反任何它们期望采用的最佳方案，并得出结论"在主权财富基金被

---

① Kuwait Rejects Western Plan for Curbs，*The Guardian*，June 2007.

证明无罪之前，它们就是有罪的。"[①]

SWFs 对劳瑞提议的消极反应反映了一个事实，他提出了在政治上有争议的问题，尤其是美国和中国之间的经常账户失衡，当时他强调，SWFs 的货币必须考虑作为"借入资金"而不是狭义的财富，因为其资产来源于清洁的汇率干预。它还反映了 SWFs 和它们的创办国政府缺乏事先的协商，尽管在 20 国峰会（G20）之前，新兴市场在全球经济治理中频繁地抛头露面所引发的国际争执日益增多。进而，SWFs 不是一个同质的群体，没有任何代表机构或协会去集体应对政策问题，所以难以就政策建议与同行协商一致：对日益增强的国际压力的反应大不相同。例如，当它的报告与透明度框架被指定为调解国际争执的范本以后，挪威的 SWF 支持对更高透明度和更好治理标准的呼吁。然而，这个模式不适用于其他基金，或者因为这些基金来自于政府事务透明度普遍较低的国家，或是因为它们具有不同的投资风格，后者可以防止披露其投资组合潜在的市场敏感信息(例如 SWFs 对非上市企业进行战略投资)。从这一点来看，建立 IMF 下辖的 SWFs 国际工作组有一重要作用，它提供了一个使 SWFs 和接受国之间在同等条件下进行协商的论坛（Gruenig, 2008）。

IMF 国际工作组建立后，SWFs 已经放下了一些防御性，并利用各种机会致力于和它们的西方同行进行公开对话。两支最活跃的资金一直是阿布扎比投资局（ADIA）和新加坡政府投资公司（GIC），2008 年 3 月中旬，它们会同主管政府的代表在华盛顿会见了美国财政部官员，讨论了有关 SWFs、接受国对内投资制度和培育最优方案的努力等问题。美国财政部长亨利·保尔森、副部长罗伯特·M.基米特（Robert M. Kimmit）出席了后来的会议，就 SWFs 和接受国共同遵守的一些广泛政策准则发表联合声明。美国、阿联酋、新加坡的联合宣言在很大程度上为当年晚些时候

---

① State Investors Deny Political Motivations，*The Guardian*，25 January 2008.

被采用的《圣地亚哥原则》提供了一个蓝本。

6.4 《圣地亚哥原则》：原则、实施与现状

在接受了七国集团授权后不到六个月的时间里，在 2008 年 10 月，SWFs 国际工作组同意了 IMF 国际货币与金融委员会（IMFC）提出的 SWFs 透明度和行动的国际标准。《SWFs 公认的原则与惯例》即《圣地亚哥原则》包括了 24 个自愿原则，其中包含 3 个关键的部分：

（1）法律框架、目标及其与宏观经济政策的协调；

（2）制度框架和治理结构；

（3）投资和风险管理框架（IWG，2008a）。

考虑到国际工作组构成的多样性，被确立的 24 个原则力图要得到所有 SWF 创办国的认同。但是这 24 个原则应当连同额外的信息一同解读，这些信息包括在称为"公认原则与惯例–圣地亚哥原则的讨论"的第 2 部分内容中，它增加了对每一条原则的解释和说明，包括惯例应用的含义。例如，关于法律框架的部分，GAPP1 的表述过于笼统："SWFs 的法律框架是合理的并且能够支持其有效地运转、实现既定目标"。然而，在第 2 部分 GAPP1 的说明里，具体说明了 SWFs 的 3 种权威性的法律结构：（a）具有受特定宪法约束的以及完全行为能力的独立法律地位（比如在科威特、韩国、卡塔尔和阿联酋）；（b）国有公司受一般公司法和其他 SWF 特别法的约束（新加坡的淡马锡和中投公司）；（c）没有独立法律地位的资产池由国家或央行控制（如加拿大、挪威和博茨瓦纳）。

同样的系统性方法贯穿了所有 24 条原则。另外一个例子，关于经营管理的独立性，GAPP9 表述为："SWF 的经营管理应该以独立的方式、按照清晰规定的责任履行 SWFs 的战略。"GAPP9 更加详尽地说明了西方同行提出的关键性政策问题，表述为："为了加强成员国的自信心，管理者

们的独立投资决策十分重要，它可使SWFs既定战略的实施免于不适当的、直接的政治干预和影响。作为所有者，政府的作用是决定SWFs的宏观政策目标，而不是去干预相关的具体投资决策。"对GAPP9的说明中，建议一些机制可以被引入用来实现这一目标，这些目标包括：在独立的实体中对SWFs的管理承担责任；对CEO和高层管理人员授予更大权力，或拒绝对付费外包服务的提供商作出的个别决策承担责任。

一些说明和解释的目的在于为SWFs解除疑虑。例如，关于SWFs在接受国经营的政治敏感性问题，GAPP15表述为："在接受国，SWFs所进行的经营活动应服从该国所有适用的监管和披露责任。"GAPP15说明中十分详细地表述了："SWF期望接受国不对SWF提出任何超出其他投资者在相同环境下所服从的责任、义务、约束和监管行为。"同样，关于投资政策的信息披露GAPP18.3表述道："SWF投资政策的阐述应当被公开披露。"而在说明中的清楚表述则为：对投资形式或投资主题、投资目标、投资水平与战略资产配置作定性陈述即可，因此，一些相关的SWFs不情愿对它们在不同资产类别上的投资提供定量信息。

《圣地亚哥原则》的发布正当全球经济的关键时刻。随着雷曼兄弟的破产，在2008年秋天国际社会日渐认识到金融危机的真正威力和对全球经济的破坏性影响。在那一时期，拯救全球金融系统免于彻底崩溃以及避免全球萧条成为政策制定者和中央银行家们的当务之急。令人震惊的混乱确实改变了SWFs与接受国之间业已达成的政治协议。随着国际资本流动的直线下降以及全球投资者对风险的日益厌恶，美国和其他西方政府发出了强烈的信号：它们的经济正在欢迎外国投资，特别是来自于SWFs的投资。事实上，在全球金融危机期间部署大量流动性并生存下来的投资者依然认为这多半是流动性问题。除了它们在偶然情况下能看到一些光明，GAPP还有其他实际内容吗？并且，在其自愿性质不变的条件下，在危机终结后的近三年里，除了SWFs所增加的承诺以外，GAPP还有任何实质的进步吗？

当原则公布后，来自皮特森研究所的埃德温·杜鲁门（Edwin M.

Truman）就"主权财富基金最优方案蓝本"中的33个元素对GAPP做了一次评估：满分是100分，GAPP得到74分（Truman，2008a）。

在必要的披露标准方面，GAPP的得分总体上较高。事实上，涉及各种不同领域公开披露的24条原则中的6条和子原则的4条内容包括了：法律基础和结构、政策目标、与注资相关的政策和程序、提取与支出操作、SWF的资金来源、治理和投资政策。根据杜鲁门的说法，因为在问责和透明度特别是总体公开方面的过度偏离，GAPP没得到100分，但是它却反映了这样的事实：在极其复杂的制度背景下，SWFs的运作存在着不同的模式。在杜鲁门2010年秋季出版的一本书里，适用于评估GAPP的同样的方法被运用于单个SWFs的评估，评估它们的服从性以及在过去几年所取得的进步（见表6-1）。

表6-1　　　　　　　杜鲁门和圣地亚哥对主权财富基金的评分

主权财富基金	杜鲁门的评分	圣地亚哥的评分	差异
挪威政府养老基金—全球	97	96	−1
新西兰退休基金（PR）	94	98	4
美国阿拉斯加州永久基金	92	96	4
美国怀俄明州永久矿业信托基金	91	96	5
爱尔兰国家养老储备基金（PR）	86	94	8
东帝汶石油基金	85	80	−5
特立尼达拉岛和多巴哥岛遗产和平准基金	83	82	−1
澳大利亚未来基金（PR）	80	90	10
美国新墨西哥州开采税永久基金	80	80	0
阿塞拜疆国家石油基金	76	76	0
加拿大阿尔伯塔遗产储蓄信托基金	74	80	6
新加坡淡马锡控股	73	82	9
智利经济和社会平准基金	71	70	−1
中国香港特别行政区外汇基金	70	74	4
智利养老储备基金	68	68	0

主权财富基金	杜鲁门的评分	圣地亚哥的评分	差异
美国阿拉巴马信托基金	68	76	8
哈萨克斯坦国家基金	65	67	2
新加坡政府投资公司	65	78	13
科威特投资局	63	71	8
韩国投资公司	60	67	7
阿联酋（阿布扎比）穆巴达拉开发公司	59	66	7
阿布扎比投资局	58	71	13
中国投资公司	57	60	3
博茨瓦纳普拉（Pula）基金	56	62	6
阿联酋（迪拜）国际资本	55	62	7
俄罗斯储备基金和国际财富基金	50	52	2
圣多美和普林西比国家石油账户	48	58	10
马来西亚国库控股公司	44	48	4
墨西哥石油收入平准基金	44	42	−2
基里巴斯收入平等储备基金	35	44	9
越南国家资本投资公司	35	4	−27
巴林马穆塔拉卡特控股公司	30	32	2
阿尔及利亚收益调节基金	29	32	3
伊朗石油平准基金	29	32	3
尼日利亚超额石油账户	29	34	5
委内瑞拉宏观经济稳定基金	27	28	1
国家发展基金	27	25	−2
阿联酋（阿布扎比）国际石油投资公司	26	26	0
阿曼国家通用储备基金	23	26	3
文莱达鲁萨兰国投资机构	21	28	7
阿联酋迪拜投资公司	21	22	1
苏丹石油收益平准账户	18	16	−2
卡塔尔投资局	15	15	0
阿联酋（迪拜）伊斯提斯马尔世界（Istithmar）	15	16	1

Source: Edwin M.Truman (2011) Sovereign Wealth Funds: Is Asia Different? Peterson Institute, Working Paper 11-12.

有几点可以说明，在IMF的推动下，更大的透明度与更多的信息披露是不可遏制的趋向。首先，它是整个金融服务业更加透明化趋势的一部分，在金融危机之前透明度已经变得越来越好①。为了拒绝西方对它们的活动提出更多的监管要求，SWFs最初提出的观点指出了这样的事实，诸如对冲基金之类的其他金融炒家与SWFs相比具有更低的透明度、完全没有受到监管。在后金融危机中，以下情形似乎是难以实现的：除银行之外，其他所有的金融实体都将受到监管，并且具有更高的透明度，尽管这可能是一个旷日持久的问题。

其次，来自新兴市场最大的公司将会在接下来的几年里，使它们的国际行动越来越多元化，渗透进发达经济体市场。虽然互惠条件在外国投资待遇中经常被提到，但是很少被正式采用，新兴市场可能会满足西方国家对SWFs活动更高透明度的要求，以降低它们的公司全球活动的潜在反应。

最后，但也是非常重要的一点，SWFs有意降低它们在西方国家投资的任何政策冲击。就像在第2章和第3章讨论过的，SWFs的资产在接下来的几年会翻倍，同时，直接投资会流向上市的或者即将成长起来的未上市的西方公司。中国已经宣布将建立一个规模为3 000亿美元的SWF，不出意料，中国投资公司明确参照了《圣地亚哥原则》，提高了透明度标准。新加坡政府投资公司（GIC）最近也将有关新加坡SWF"如何遵循《圣地亚哥原则》"的文章登载在了其网页上。

考虑到《圣地亚哥原则》的自愿性质、缺乏任何强制机制和评估SWFs是否遵从条款的机构，在2009年4月科威特城会议后，国际工作组宣布建立一个主权财富基金的国际论坛（IFSWF），这个自愿组织每年召开一次会议，就如何帮助理解《圣地亚哥原则》与SWFs的活动交换各自

---

① 例如，在欧洲，当前对对冲基金与其他另类基金比如私人实体与基础设施基金等执行了一种新的监管措施，就是所谓的"另类投资财务经理指针"（AIMFD）。对冲基金需要披露它们的投资信息，包括杠杆化水平以及对上市公司中战略持股收购的详情。美国对对冲基金沿用了同样的方法，迫使这些实体对监管者披露更多信息。

的观点。论坛的授权是为了支持《圣地亚哥原则》的4条指导性目标：

（1）帮助维持稳定的全球金融系统以及资本和投资的自由流动；

（2）在它们投资的国家遵守所有适用的监管和披露要求；

（3）投资要考虑到经济基础和金融风险以及相关的收益性；

（4）具有适当的透明度和合理的治理结构，为实现充分的运营控制、风险管理和问责制做准备（见表6-2）。

表6-2　　　　　　　　　　　OECD与IMF方法比较

《经合组织指导原则》	《圣地亚哥原则》
1.接受国不应对外国投资设立保护主义壁垒	1.法律框架：在接受国中确保监管的基本条件
2.接受国在同等情况下不应该歧视投资者。只有涉及合法的国家安全问题时才是合理的	2.对SWFs适当的治理；充分的运营控制所需要的透明度和完善的治理结构
3.涉及国家安全问题之处，投资保护应当是： ——透明和可预测的， ——与国家安全风险相称的清晰认证， ——在它们的应用中遵守应尽的义务	3.责任：尽管需要关注SWFs的竞争地位，但是应全方位公开披露信息
	4.谨慎的投资实践：只基于经济基础、风险与收益而投资，为稳定的金融市场尽责

Source：Rolando Avendaño and Javier Santiso，Sovereign Wealth Funds and Infrastructure：A Perspective for Latin America.Presentation at the CAF-IFC-OECD Seminar on Infrastructure Financing in Latin America.

澳大利亚未来基金监事会主席，戴维·莫里被国际工作组的成员推选为论坛主席。中国投资公司的监事会主席金立群和科威特投资局的局长巴德尔·萨阿德被推选为论坛的副主席。负责处理具体问题的小组委员会也被建立起来，开启了论坛的议事日程。

科威特宣言发布以后，2009年10月，SWFs国际论坛第一次会议在阿塞拜疆的巴库举行。这次会议大约有20只SWFs出席，国际金融机构的代表也参加了会议。论坛的开幕会议上讨论的问题涉及金融危机的教训、特别是投资进程中模型的可靠性、真正理解SWFs目标的重要性、投资范围和风险，从总体上保护SWFs股东与群体的利益。这再次强调了对金融保护主义的反对和对《圣地亚哥原则》的支持。在2010年5月，SWFs国际论坛第二次会议在澳大利亚的悉尼举行。除了SWFs所面对的风险管理的最优方案（回顾第4章）和投资挑战外，《圣地亚哥原则》应用后的第一次评估进入实施阶段。最后的陈述中提到：自从2008年10月生效以来，原则的应用获得了进展。陈述中还提到：一些SWFs在网页上发布了年度报告和不断增多的实用信息是最为引人注目的进步。向公众公开《圣地亚哥原则》的必要性也被作为一个重要议题提到，并且有必要取得更大的进展。在2011年5月中国北京召开的第三次会议后，来自中国投资公司的金立群代替了戴维·莫里担任论坛主席，同时论坛成员同意成立一个由成员自身资助的常设秘书处。

当大型SWFs投资于敏感区域或一般领域时，《圣地亚哥原则》构成了一个有效的路线图，来引导它们回避试图阻止外国收购的莫名其妙的借口，但是对这一框架的真正考验也已来临。如何应对"经济爱国主义"的进发？《圣地亚哥原则》如何能被双方遵守？对此我们拭目以待。

6.5 经济中的公与私作用漫谈

纵观历史，在经济中由于环境的不同，对于公共和私有范围的划分是不确定的。在本章开头我们就提到过：总体上来说，成熟经济体的金融市场被广泛视为个体、企业和私营机构的护身符，因此，任何来自公有实体的干预都应该被视为一种与完善的法律、规范和惯例相悖的不当干预。

但是，这种推测的准确性如何呢？在次贷危机变成金融灾难之前，当需要起关键作用的国际银行和行业的紧急援助时，这种断言就已经被证实。后来它听起来十分空洞，因为很清楚，私人负债可以摇身一变成为公共负债，甚至无需国会投票来确定。从"不纳税就没有发言权"变成"国有化无需发言权"。

乞灵于凯恩斯主义的政策突然变得时髦起来，并且大规模的政府干预也突然披上了令人尊重的光环，甚至在《金融时报》上也是如此。文章、评论和博客都在论证资本主义的出位或者至少应该对其日益暴露出的缺陷进行矫正。

但是，即使在正常的情况下政府也可以对市场施加影响，我们曾反复提过养老基金问题。但是每个国家都有自己的发展机构，以特惠利率形式对国内的公司提供支持，外加各种各样的许可和补贴。然后就是一群国际机构，最著名的是国际重建与开发银行，其中的佼佼者当属世界银行，它凭借着AAA的评级从国际市场借入资金，然后向难以介入国际市场的成员国的各种基础设施建设提供资金。有人会认为这种干预是合理的，因为世界银行致力于基础设施建设并且主要与政府打交道，它会填补不愿意向穷国提供信用的金融市场的空白。但是世界银行集团包括国际金融公司（IFC），这个公司被授权经营私有实体来促进市场的发展，与私人部门一样获取收益，不存在收费方面的优惠。

世界银行只是这种贷款机构里面最大的一个，但是，在世界银行背后，还有众多不为人注意的区域性银行，不过，在很多国家，它们的作用都至关重要。历史较悠久的有泛美开发银行、亚洲开发银行、非洲开发银行，苏联解体以后欧洲重建与开发银行成立，在东欧与前苏联地区从事经营活动。在20世纪90年代早期，由于以色列和巴勒斯坦和平进程的加快，中东开发银行建立起来，但它从未走向成熟。

然后还有欧洲投资银行，再次利用它的AAA评级为欧盟成员国的基础设施融资。进一步看，还有一大群国有实体和各种企业基金，经常受命资助新的风险项目、年轻的企业家、女性创业者等，甚至在美国有些机构例如田纳西流域管理局和各种州立机构试图以激励计划吸引商机。

在雷曼倒闭以前，一些国家对银行管理还很严格。德国国有州立银行（Landesbanken）的案例成为德国与欧盟委员会多年来争论的焦点，由于隐性的利率补贴，它对政府的担保心存感激。大批的意大利银行仍然被"基金会"控制，这种基金会是主要银行和大部分当地银行国有化年代的残余。这些银行的董事会成员由地方当局任命。原则上，它们不应该插手管理，但事实上它们的影响无处不在。

在一些国家，银行介入了邮政服务。最为闻名的是日本邮政银行的私有化，这一直是一个棘手的政治问题，在过去几年里导致了几届政府首脑的辞职。意大利邮政经营着一家银行，在过去几年里扩大了提供的服务并且与财政部争发债券。

我们应该将法国存款与委托基金、德国复兴信贷银行、意大利存贷款银行和西班牙、奥地利、葡萄牙的类似机构添加到"法力无边"的公共机构名单中，它们应该为基础设施融资，但在少数情况下，它们也使用公共资金来支持（国内的）公司。

某几个行业仍然固守着庄严的国有制传统：例如，国防、航空、造船，能源和铁路。一般来说，公共事业部门（除英语系国家以外）通常由国有企业把持，如法国电力公司，但有些半公共性质的公司也存在着类似情形。

的确，两种竞争模式之间的冲突——国家资本主义和自由市场资本主义——并不比全球范围内为保护与控制能源进行的斗争更加突出。政府已经拥有世界上绝大多数的能源储备，并且西方石油公司已经从全球最畅销的市场中被排挤出来。危机过后，对利用政府影响的限制更少了：如果市场不可靠，国家将进行干预。随着政府触角向其他领域的延伸，风险态度的逆转刺激了保护主义倾向。在危机后的"新常态"，当竞争的结果与国家利益相悖时，市场的力量会受到抑制。

国家利益和经济自由主义之间的冲突体现在美国驻泰国大使通过维基解密发布的电传上："我们对中国魅力攻势抗衡策略的管理能力成为一个

复杂的问题，大多数美国与泰国的贸易和投资关系是基于美国私人企业作出的决策而不是美国政府作出的决策。"在发达经济体中，政府参与经济事务立场的突然转变可能是一种暂时的现象，与危机中风险的升级密切相关。美国、英国和其他国家的政府已经明确表示，金融危机期间，在公共基金注入之后，它们愿意从银行（和美国的汽车业）资本中退出。一些欧洲大陆国家，尤其是法国和意大利，从来没有对经济和金融自由主义产生过好感，而危机之后，对政府干预的支持必会增强。例如，继法国的例子之后，意大利政府已经反复考虑建立一个类似于实体的SWF，保护国家重量级企业免于怀有敌意的外来接管。

这个过程将导致不确定性。20世纪60年代和70年代国家在经济事务中发挥的作用，似乎是不可能重现的，尤其是在多数发达经济体面临财政重组之时。鉴于公共财政状况不佳，就像已经显露的那样，新的私有化浪潮似乎可能出现，例如在西班牙和希腊。

然而，将私营部门严格从职能集中在监管和政策的公共领域剥离出来的教科书式的描述过于简单化。在现实中，政府的作用总是无处不在，但所采用的形式取决于时代精神和选民的政治情绪。有时，公共干预是通过暗中道德劝说或对私营部门的威胁而斟酌实施的。在其他情况下，它以各种不同借口，通过所有权或对关键企业和金融机构的控制直接施加露骨的影响。

在应对经济困境时常常会出现群体性的情绪波动。在繁荣时期，政府令人厌恶并且成为公众的出气筒。当危机来袭时，政府就会被当作救世主和不可或缺的制衡力量，用以制衡肥猫的贪婪、金融家的放纵、道德风险、银行家的无能、无法忍受的收入差距和没完没了的牢骚。西方世界的自由市场经济和新兴市场的国家资本主义之间不断升级的紧张局势，也威胁到了资本在国家之间的自由流动，它是全球化的一个重要支柱。

最后，还可以注意到，与管理子孙后代财富的投资基金的利益相比，有时乐善好施的私人公司的利益会受到选举官员更为严密的保护，因为政客们无法从基金投资中获得任何直接的个人利益。

第7章 结束语

避开国外战略资产所有权的争论、避开对影子机构不良影响的谩骂、避开对作为侵入和谐西方经济肌体蝗虫的激烈指责、避开对全球化所释放力量的全面审视的需要，关于SWFs的论述是对21世纪经济以及作为结果的金融地理的重塑。

那些依旧生活在20世纪的人们所固有的狭隘视野，总是倾向于忽略21世纪大趋势的改变。的确，反对SWFs或FWFs的例子几乎都与经济新爱国主义相关联，而不是与监管失败、风险积累、不公平竞争、对国家权力操纵压力或公司决策中过度的权重相关联。

在本书中，我们努力将SWFs的出现置于更为广阔的新经济背景之中，这一背景超越了危机前出现的政治谩骂。我们强调了能够引起SWFs和FWFs在量与度上显著增长的以及将它们推上全球舞台的潜在因素。我们试图去理顺对金融市场和世界经济失衡担忧、带有民粹主义色彩的似是而非的争论。总而言之，我们强调了成熟与新兴经济市场之间金融渠道被堵塞的严重后果，它使世界陷入了自1929年以来最深重、持久的危机。

我们的争论基于这样的事实，一个拥有持久经常账户盈余的国家能够：

（1）为经常性支出融资（乃至对人口分布产生直接影响）；

（2）建设有形的基础设施；

（3）改善公共产品（国防、公正、统计数据汇编）；

（4）扩大如健康、教育和研究等公共服务的供给；

（5）为了预防目的或者传递给下一代而积累基金。

在新兴市场和大宗商品出口国中，经常账户盈余的很大比例最后都被纳入央行的储备中。SWFs的兴盛源于2000—2010年储备金投资的多样化安排（Rybinski和Krynska,2010）。在20世纪80年代和90年代，做好应对冲击的准备是外汇储备管理的首要目标。随着储备量的增加，回报成为主要问题，中央银行开始将储备扩展至多种不同的资产与货币类别。与SWFs类似，中央银行已经开始投资于风险更大、流动性也更差的资产类别，进一步拓展投资空间。

这个过程一直持续到投资达到这样的规模：在一些国家中，SWFs的金融投资所带来的收益和商品收益变得同等重要。以阿联酋为例，如果对阿布扎比投资局管理下的资产估计大致准确的话，假如石油价格是每桶80美元，我们可以认为600~700美元的订单中7%~8%订单的组合资产的收益都和石油出口相关。挪威和其他几个资源几乎耗竭的小国也可以得出相似的结论。另外值得一提的是，并不是所有通过商品出口积累的财富都由SWFs和其他官方实体所管理。这些财富通常被无数个难以窥测到的小渠道分散管理，比如子公司或者"家庭办公室"。

对于政府拥有的基金，什么样的投资策略才是最优的呢？这是一个被那些担心主权财富基金隐含动机的人们明里暗里反复提及的一个问题。这个简单的问题却很难回答，这取决于什么样的目标才是最优的以及优化程序面临的约束条件。政府拥有基金的最优投资策略可以从以下几个维度加以分析。

管理来自单一商品和价格高度相关的（如碳氢化合物一样）一系列商品收益的SWFs，必须采用一种不同的方法，这个方法来自于这样一个过程，即那些经济更好实现了多样化的国家管理其经常账户盈余的过程。

特别是，一个暴露于商品出口波动的风口浪尖上，且其民生高度依赖于此类商品价格的小国，应该保持更高的流动性头寸，放弃需要长期培育的投资项目。

透过这些情况可以看出，SWFs和FWFs与具有相似任务委托的私人基金没有很大的区别。直到20世纪末，一些SWFs才掌握了一些关键资源，但是作为一个组群，与其他主要类别的资产管理者相比，它们在金融市场中占比甚小。在股市非理性繁荣和互联网狂热的年份里，SWFs和FWFs在金融市场中扮演了一个边缘角色，保持低调。但是随着经济重心的转换以及多极化经济的出现，让新演员登上了大舞台，其中SWFs是唯一的备选者。

在全球金融危机严重阶段的前、中、后期，SWFs资产的部门分布显示，它们的投资行为主要受经济和金融活动而不是不可告人的政治动机的吸引。SWFs掌控了一个可观的多样化投资组合，包括房地产、金融服务、能源、商品、零售和休闲以及建筑业。在国防和技术等较为敏感行业投资很少。

7.1 走向多极世界

SWFs地位的提升源于重塑全球经济的过程，主要与亚洲国家的人口增长相关，但是经济改革的影响也有所放大。我们俗称为"全球化"的东西源于与之密切相关的经济一体化进程，这种进程是由WTO规则的实施、技术转移、先进的信息技术以及资本自由流动带来的贸易自由化所推进的。

这个过程无处不在，以至于使发达经济和发展中经济等传统的划分方法听起来都过于老套，这种分类只反映了20世纪90年代以前的实情。但是，即使是发达经济体与新兴经济体的划分也已经脱离了现实，因为大量的新兴经济体实际上已经涌现，并且已经达到了发达国家的水准。相反，一些发达经济体诸如20世纪70年代的南美国家反而没落了（希腊正在成为一个典型案例）。所以说，我们讨论成熟的和高速成长的经济体更为合适。

SWFs作用的日益扩展，反映出全球财富的分布从成熟经济体如美国和欧洲向享有人口优势的国家如中国、印度和巴西等国家以及那些自然资源丰富的国家如阿联酋、挪威、澳大利亚和俄罗斯等的长期反转趋势。

在过去25年中，我们所见证的资本流动浪潮是这次经济再平衡的基本动力，因为它已经改变了经济发展方程中人口变量的符号。人口的快速增长总是伴随着人口过多、仅够维持生计的农业、糟糕透顶的教育水平、低储蓄以及提升生产率的投资增长不足等恶性循环。资本的自由流动给那些资源匮乏的国家带来了投资浪潮，并且使国内资本市场弱化。随着苏联解体，当南美也摆脱了数十年的军事独裁和发展颓势时，这一进程当时获得了额外的动力。20世纪90年代中期，半社会主义、半独裁的印度经济的改革，尽管存在局促与不足，但却为这个国家注入了活力，由于它规模庞大，小变化产生了大影响。当所有这些事情变得有条不紊时，席卷世界30年的人口波动不再成为一种负担，反而变为一种资产。简而言之，过于庞大的人口数量造成的发展停滞局面被与市场主导政策相结合的资本自由流动所打破。

21世纪伊始，中国加入了WTO，巩固了其世界工厂的地位，亚洲和拉丁美洲中产阶级大量涌现、基础设施的发展也引发了商品价格的上扬。在经济大衰退时期，经济重心转移加速，新兴市场开始成为全球经济增长的引擎，与此同时，经历了10年的负债增长后，成熟经济体被迫去杠杆化，与此相对应的是生活水平面临下降。

基于这一背景，SWF的直接投资向新兴市场转移似乎成为一个长期现象。2007—2008年，对西方银行的投资浪潮打破了这一趋势，反映出了短暂的机会主义行为。在新兴市场上，SWFs的战略焦点集中反映出全球经济重心的转移：随着这些经济体物质资本和人力资本的增强，它们注定涌向能源、商品和基础设施的世界经济中的份额对于长期投资者如SWFs将构成强大的吸引力。

7.2 经济和金融事务中政府的积极行动主义

有许多例子可以证明，存在着结构性经常账户盈余以及存在着结构性赤字的国家使全球经济发生结构性失衡，使SWFs从政府所有的实体中获利。原因有二：一些国家因为自然资源丰富而获得了用于公共支出的货币收入。另外一些国家，它们的账户积累来源于广泛的出口、有限的资本市场、货币当局保留了固定的盯住汇率，因而通过印刷货币抵消了升值的压力。在这两种情形下，资本流入直接进入了央行储备，超出一定的数量后则转换为SWFs。

换句话说，逐渐增加的资本流动份额引向SWFs和其他国有实体。因为许多获得大量商品出口收益的国家以及几个积累了大量外国资产的国家起到决定性的作用并且控制着经济命脉（俄罗斯、GCC）[1]。与私有部门相互映照，在成熟的经济体[2]中，市场主导的框架将占有主导地位。

在激烈的意识形态与政治斗争之后的几十年里，政府主导型体制中的激进主义者对国际政治的重要事务进行抨击，西方国家、拉丁美洲，尤其是东欧国家的公共之手渐渐被削弱。

"主权财富基金"的标签已经被表示成金融工具多种多样的组合，这些金融工具的共同特征是公共所有权，但是它们的目的、投资策略和基本

----

① 在未来的几年里,如果世界经济不经历大的挫折,在第2章我们提供了对未来SWFs资产增长的粗略估算。

② 在许多国家,公共与私有部门的边界线是模糊的,因此,不利于评价资产管理者的行为。实际上,当私人实体更加关注社会目标时,公共实体可能过分追求报酬最大化。

伎俩却差异悬殊。例如，如国际货币基金组织所观察到的，以稳定为目标的SWFs比以储蓄为目标的SWFs更加重视流动性，拥有更短的投资期限。

政治上的强烈反对、对SWFs和FWFs驱动策略动机的关注、在各种借口下抑制它们的呼声，都可能是对强大的外国公共机构重现于金融市场的诧异所作出的反应。

相应地，在接受国中所出现的问题符合成熟经济体经济制度定义的基本特征，这一定义可能会与韩国、新加坡、越南、卡塔尔等国家在其发展战略中所秉持的模式发生冲突。在这些国家的发展策略中，私有和公有经济范围的界线是模糊不清的。其中引发的议题涉及了对敏感领域以及合法化的关注，例如政府对私有市场的操纵、金融机构的透明度、市场交易的监管以及对经济杠杆的官僚性掌控。但是，当富有人脉的西方公司①看到它们的利益受到外国接管者或竞争对手投资的影响时，它们会有选择地发出指控的声音，这更多是为了实实在在的利益，而非出于高尚的动机。

7.3　门口的野蛮人还是受欢迎的伙伴？

本书中所要传递的关键信息是：每一只SWFs的特点和一般的国有实体及其授权机构都是如此多样化，以至于限制它们的收购和活动是毫无意义的。在任何情况下，这些限制都很容易通过设立一种投资工具而被规避，比如说，将卢森堡作为欧盟实体的经营地点。简言之，影响力和拥有权总是隐藏在复杂公司结构表象的背后。

我们感觉到，对于SWFs活动披露的争议是对于贸易保护主义的苍白

---

① 有趣的是日本国内对SWFs指控的强烈反响迄今为止是极为罕见的。

掩饰，在当时是过于偏执的争论。良好的治理、对交易和透明度的定期报告是长期内促进良好管理和终极回报的重要原则。

遵循这些规则是SWFs的利益所在，因为开放度、透明度以及问责制是对平庸、自满和腐败的最好防范，这样在任何组织中都可以改善决策效果（SWFs也不例外）。另外，开放度也可以更好地缓和对SWFs运作的担忧。

然而，对于策略和意图披露的恳切要求看起来不是毫无意义就是过于幼稚：策略只是意图的模糊陈述，除非它们与一个可以观测的基准相关。例如，如果一位资产管理者宣称他的策略以标准普尔500作为目标，那么与既定目标的任何偏离都很容易被发现。但是如果一位资产管理者宣称他的目标是扩张南美的公司或者提高东欧的总体收益率，那么偏离如何被观测呢？这一策略如果不能实现，那又如何呢？

在试图打开美国大门的野蛮人作出反应之后，这些言简意赅的反对意见有助于减少歇斯底里的现象，这种情绪是雷曼破产以后民众态度转变的一部分，关于这一点书中已经有文在先。最重要的一个例子是埃德温·杜鲁门在美国国会的证词，他是皮特森国际经济研究所的一位高级研究员（Truman，2008b），杜鲁门在以下6点基础上，提出了一套相关的理论：

（1）当金融全球化持续推进时，主权财富基金会从中汲取丰富的营养，并且可能提高其在国际金融体系中的相对重要性。

（2）根据私人与公共部门资产负债表中的资产与负债，美国经济已经完全与国际金融体系相互交融，我们是SWF游戏中的主角。接下来的正式监管中SWFs的主张应该像它们希望的那样小心谨慎。应用于外国SWFs的任何监管或其他限制也适用于我们的SWFs,并且也会适用于其他国家。

（3）处理SWF问题最可靠的方法是通过"互惠责任"。拥有SWFs的国家应该根据前文（第6章）所述的成绩单（scoreboard），自觉遵守一项最为实用的国际标准。接受 SWF 投资的国家应该加强金融系统的开放度。目前，这一进程在 SWF 的创办国比在 SWF 的接受国取得了更大的进展。由金融保护主义爆棚可能导致的金融混乱使得近期活动让人感觉微不足道。

（4）通过它们投资决策中政治动机所起的作用来区分主权财富基金基本是不可能的。它们是政府实体，政府不可能不怀有政治目的。

（5）SWFs 不会对美国的经济和金融利益构成新的严重威胁。只要我们处置得当并且能够保持良好的经济和金融政策，我们就可以把握自己的命运。我们有足够的手段来应对 SWFs 或其他形式的外国政府投资构成的对本国国家安全的潜在威胁。就这一点而言，它们显得微不足道。

（6）我有点担心这种可能性，在我们金融机构中，一些基金可能产生与外国政府投资相关的不当影响。我希望我们现有的做法可以应对金融系统更为严厉的监管问题。我所推崇的大型对冲基金和私人股份公司中问责制的改善会对其他方面有所帮助。

以上 6 点剥掉了对恶意的和不透明实体的华丽粉饰，并且提供了一个与《圣地亚哥原则》和其他例如经合组织倡议的多边原则十分吻合的平台。合作框架可以缓和争论，国际货币基金组织名下的国际主权财富基金论坛是一把保护伞，在它的保护下，所有接受《圣地亚哥原则》的 SWF 可以讨论原则如何能够行之有效。拥有大规模 SWFs 的国家应该承担起影响建立新金融架构进程的责任，这一金融架构可以开阔它们的眼界，并且带来实惠。

干预主义盛行的地区，互惠原则可以得到有效推进。那些经济与金融市场尚未向外国投资者完全开放国家的 SWFs 和公有实体可能面临着严峻的挑战，它们请求不要被接受国区别对待。投资的开放和获得所有权（或控制权）的自由应该互惠。

7.4 储蓄过度的终结和资本稀缺时代的来临

我们反复强调SWFs和FWFs的基金基本源于中央银行的外币储备。储备管理和全球资产组合的区别由两点因素构成：货币配置和流动性。中央银行需要留存由三四种货币（额外还有一些金块）组成的庞大储备，它拥有低风险、高流动短期主权债券的优势。SWFs和FWFs不会面对这种约束，并因此根据包含了全球资产、货币和流动性特征的风险—回报的偏好来配置资产组合。这个过程使规模庞大的国际资本流量从成熟经济体（流向储备管理被扭曲的经济体）流向了高速增长的经济体，当前这些国家的反弹没有被给予足够的重视。特别是FWFs，为了追踪它们的授权以及降低流动性的重要性，在高速增长经济体中一定会扮演一个重要的角色。流动性是发达金融市场的一个特征。实际上，董事会鼓励它们作为私有股份基金来运作，为资本短缺的经济体提供流动性，投资于所谓的硬资产。

鉴于西方、日本乃至为期不远的中国人口年龄问题，更多的储蓄必定会投资于债券以便为养老金债务筹资。西方金融机构进一步去杠杆化将会使风险资本的池水枯竭，减少臃肿的影子银行体系产生的流动性。

实际上G20和金融稳定委员会冲动之下推行的监管改革，将会在世界范围内对金融资本的可获得性造成严重的影响。除了付诸实施的各种监管倡议以外，还涵盖了从场外交易的衍生品到"大到不能倒"机构的监管问题（例如系统性金融机构对全球金融稳定的威胁），《巴塞尔协议Ⅲ》意味着银行对资本准备金要求的实质性增加。

新的资本充足率规则将会在近10年里被逐步引入，到2019年全部付诸实施。《巴塞尔协议Ⅲ》的要义之一就是金融机构必须提高其资本的实质数量（危机期间已经提高的用于弥补不良资产损失的部分除外）。麦肯锡的一份报告中估计欧盟央行增加的核心资本（Tier 1 capital）为1.1万亿欧元，美国银行为6 000亿欧元（麦肯锡全球研究院，2011）。

正如我们在第3章指出的，所有金融机构已经感受到的冲突将会使得SWFs和FWFs长期资本的主要供应者及其收益依赖于资本的稀缺性，稀缺程度会决定其成本。这一问题是与所谓储蓄过剩的逆转交织在一起的，当世界人口老龄化问题加剧和高速增长经济体的基础设施投资深化时，储蓄过剩问题就可能缓解。

《巴塞尔协议Ⅲ》导致的结果很可能会限制新兴市场的公司（被认为具有更大风险）进入西方银行。这将会为国际银行业务在新兴市场特别是海湾合作委员会、印度等的增长提供更大的盈利机会。

7.5　走向多元货币体制

2007—2008年的金融危机和2010—2011年的财政危机已经侵蚀了美元作为国际货币的优势，并且强化了新兴市场国家脱离美元、外汇储备多元化的政治意愿。以经济术语来说，世界已经走向多极体制，高速增长经济体在全球经济增长中占去了大量份额；美元在国际金融中的霸主地位似乎已经不合时宜，并且为向多极货币体制的转变播下了种子。人民币的国际化及其国际储备货币中地位的提升可能比当前预想的快得多，即使在2020年底之前也是如此。

正如近期《金融时报》中所说："假如美元贬值，美国政府将会发行更多的债务来扩大解决财政漏洞的路径。来自国外的投资者可能会购买更多的硬资产，金融投资会更少①。"

---

① 本书的前面，我们已经提到SWFs的直接投资如何处于上升期，并且将来有加速的趋向；中投公司正在加速蜕变为一个更加类似于私人股份的公司而不是资产的管理者，很快我们就可以看到，其大量活动将主要是对发达和新兴经济体硬资产的直接收购。

国际货币的霸主地位主要源自于潜在经济的相对规模、开放程度和金融市场的规模。法律体系、发行国政府的军事目标、对商品、服务与资产购买力的长期稳定性进一步加强了这种地位。

美元作为国际主要储备货币地位的提升是美国在世界经济中名列前茅的地位及其稳固政治制度的必然结果。然而，从英镑到美元统治地位的转换是相当缓慢的，即使在19世纪70年代美国成为世界最强大的经济体后也是如此。有人可能认为，只有当金本位受到挤压并且在1931年被英国抛弃之后，美元才驱逐了英镑成为主导货币。此时，美国以每盎司35美元将美元和黄金挂钩。总之，美国的经济规模独一无二，但是以黄金为后盾带来的稳定性才是导致美元中心体制的核心元素。

支撑储备货币地位的相对经济规模到底有多重要呢？答案可以与20世纪60年代比利时经济学家罗伯特·特里芬（Robert Triffin）[①]的洞见联系起来，他认为：本国货币能够充当储备货币的国家一定存在着经常账户的赤字，用以供给国际交易所需要的全球流动性。

经济规模必须大到足以支撑起为国际交易融资的经常账户赤字，但是赤字不能大到使债务难以支撑的地步。换句话说，任何发行储备货币的国家必须愿意接受进口大于出口，但是将被迫暴露于风险之中，外债负担将破坏其稳定性。[②]

准确地说，流动性可以由私人资本流量的赤字来提供（这的确是

[①] 参见 Robert Triffin（1960）Gold and the Dollar Crisis：The Future of Convertibility，Yale University Press，New Haven.

[②] 实际上，在这点上并非不存在争议，Kindleburger(1978)在对大萧条影响的研究中得出结论：霸权有助于系统稳定，例如，霸权的力量能够使全球公共产品比如国际货币的外部性内部化。不过，Kindleburger的分析适用于占支配地位的经济，随着多个大型经济力量的出现，现今问题重重。他还指出，1999年以来的央行储备在增长，以欧元和瑞士法郎进行的储备也是如此。但是，这些经济体无一拥有经常账户赤字。这一明显的矛盾可以由下面的事实解释，这些国家的金融部门以它们本国货币发行债务并且投资于美元主导的资产。

美国20世纪60年代的实情），也可以由在其他国家的实体发行储备货币为主的债务提供（20世纪70年代曾经发生）。但是，现实中这些都是例外，事实上，在以往的20多年里，大量的国际流动性在美国由更大口径的经常账户赤字来提供。因此，关键的问题是美国是否还能继续提供必需的资产数量。答案不令人乐观，因为，很明显，美国的赤字已经难以支撑（而且当前的美国政府将削减赤字视为当务之急）。同时，新兴国家以接近其经常账户盈余增长的步伐继续累积储备。坦率地讲，如果美国继续扩大它的外债，那么以本币向外借贷的特权将会受到损害。

一些数字可能有助于暴露出这个问题。根据WTO的数据，1948年世界商品出口（排除复出口）总量是580亿美元；1971年，布雷顿森林会议体系终结之时，世界商品出口量已经上涨到3 540亿美元；1995年，随着WTO的组建和贸易自由化的起步，这个数字已经达到5.2万亿美元，2008年其最高水平逼近16万亿美元，2009年下降至12.5万亿美元。鉴于此，我们需要增大商业服务贸易，1980年大约是3 000亿美元（当时WTO系列谈判开始），2008年几乎达到4万亿美元，2009年略高于3万亿美元。

美国的外债是以美国居民所拥有的外国资产与非居民所拥有的美国资产的差额来衡量的，从20世纪90年代初的几近零上涨到2008年的近4万亿美元，然后迅速回落至不足3万亿美元。

另一方面，根据美国财政部的数据，截止至2009年底，中央银行持有的全球外币储备总量达到了8.1万亿美元，其中中国积累了2.4万亿美元，这个数字已经足以抵补持有最多储备的12个新兴市场国家的短期债务，一旦危机发生，它会起到重要的缓冲作用（见图1-1和表7-1）。

表7-1　　　以市值在美国直接投资的外国拥有资产的变化构成

1989—2010年　　　　　　　　单位：百万美元

| 年份 | 初始头寸 | 归因于估值调整的头寸变化（金融衍生品除外） | | | | | 金融衍生品的变化③ | 最终头寸 |
		金融流量(a)	价格变化(b)	汇率变化①(c)	其他变化②(d)	总计(a+b+c+d)		
1989	1 986 887	222 777	137 439	−1 046	37 981	397 061	—	2 383 948
1990	2 383 948	139 357	−72 481	10 787	−18 003	59 660	—	2 443 608
1991	2 443 608	108 222	178 682	−2 464	−14 105	270 335	—	2 713 943
1992	2 713 943	168 349	46 560	−8 078	−22 150	184 681	—	2 898 624
1993	2 898 624	279 759	62 608	−7 181	−20 617	314 569	—	3 213 193
1994	3 213 193	303 174	−109 718	12 873	5 925	212 254	—	3 425 447
1995	3 425 447	435 102	381 972	12 059	−12 454	816 679	—	4 242 126
1996	4 242 126	547 885	231 589	−8 723	−33 733	737 018	—	4 979 144
1997	4 979 144	704 452	548 223	−26 524	−37 943	1 188 208	—	6 167 352
1998	6 167 352	420 794	656 726	11 339	−43 311	1 045 548	—	7 212 900
1999	7 212 900	742 210	472 443	−4 324	−21 283	1 189 046	—	8 401 946
2000	8 401 946	1 038 224	−439 082	−28 023	−35 048	536 071	—	8 938 017
2001	8 938 017	782 870	−489 886	−17 229	11 762	287 517	—	9 225 534
2002	9 225 534	795 161	−783 562	35 228	−56 786	−9 959	—	9 215 575
2003	9 215 575	858 303	775 363	68 781	−312 259	1 390 188	—	10 605 763
2004	10 605 763	1 533 201	278 469	39 532	111 362	1 962 564	—	12 568 327
2005ᵗ	12 568 327	1 247 347	−66 777	−50 596	1 107 391	2 237 365	—	14 805 692
2006	14 805 692	2 065 169	529 069	44 373	267 433	2 906 044	47 045	17 758 781
2007ʳ	17 785 781	2 064 642	243 346	80 144	−54 549	2 333 583	1 308 701	21 410 065
2008ʳ	21 410 065	431 406	−2 498 166	−92 130	91 795	−2 067 095	3 479 955	22 813 925
2009ʳ	22 813 925	335 793	983 617	85 051	−148 064	1 256 397	−2 601 778	21 468 544
2010ᵖ	21 468 544	1 245 736	757 200	−12 075	−57 035	1 933 826	176 451	23 578 821

①代表因汇率重新估值导致的外币为主的资产与负债的损益。

②包括规模的变化、直接投资附属企业的资本损益、对资产与负债值的重新调整。

③代表2006年首次生效的金融衍生品市值的总体变化，有关金融流量和金融衍生品公平市价总体变化的估值调整的构成元素不是相互独立的。

Source：US Department of Commerce，Bureau of Economic Analysis.

同样应该指出的是，累积迅速扩大的其他阶段（比如20世纪60年代末与70年代末）也出现过货币与金融危机，因为，在经济中，对这些资金循环使用的需求会导致银行草率的借贷行为（例如20世纪80年代拉丁美洲的主权违约）。

　　美国在提供储备货币方面越来越无能为力，我们所设想的解决方案依赖于两个假设：一些新的储备货币出现或者由一些超国家的机构设计出新的国际核算单位（国际货币）（Saidi and Scacciavillani,2010）。

　　随着欧元的引入，前一种情形似乎会出现，这一货币背靠比美国更多样化和规模更大的经济体，能够抵御更多的冲击。然而，欧元区并不能够满足这些期望，因为它无力整合金融市场，并且欧洲中央银行继承了德意志联邦银行的传统，对于欧元的国际角色态度冷淡、怀有敌意，唯恐与至高无上的保证价格稳定的授权发生冲突。欧元区不具备深广的金融市场，不能充分供给国际银行与金融体系以及累积储备的央行所需要的流动性与安全资产。欧元的影响力也受到了以下因素的约束：依国界构建的政府债券市场、不尽人意的人口以及难以为继的经济增长。如果"稳定与增长协定"受到削弱之后，还要添加一个效率低下的制度框架，最后借款人将会缺失（尽管当前的危机迫使欧洲央行充当背叛《阿姆斯特丹协定》的角色，向银行体系注入大批流动性以及购买政府债务），财政政策的制定也缺乏集中决策，很明显，对欧元并没有广泛的刚性需求。同时，必须注意到，亚洲最大盈余国家的货币，当前都与美元联系在一起，因为它们的出口贸易都以这种货币结算，所以，它们更喜欢美元主导的资产。

　　我们需要补充的是，世界第二大经济体发行的是不可自由兑换的货币，中国的金融市场包括政府的债券市场，目前还远未达到深化、流动并得到良好的规范，外国投资者也不易进入。根据多数分析人士的看法，几年之后人民币就可以实现完全可兑换。①同时，资本控制和其他监管会继续引发中国外币储备以平均每月100亿美元的速率稳定增长。最终，其他主要的经济体、日本维持着较大的经常性账户盈余，它也不会提供丰富的国际流动性，它们拥有超过1万亿美元的世界第二大外币储备存量。

综上所述，在当前的国际货币安排中，有序转向多元货币世界需要更为深刻的制度变革，否则转换的风险就是破坏性的。

最近，中国当局和G20国家重新强调了特别提款权（SDR），研究与政策论文的大量涌现强化了一个信息②：IMF已经发展出了一套框架。③多伦多举行的G20峰会支持对IMF的特别提款权进行一般性分配，这一规模相当于2 500亿美元，以扩大全球流动性，这部分特别提款权的分配在2009年8月进行。等值于1 000亿美元的特别提款权进入新兴市场与发展中国家，其中低收入国家获得180亿美元。为了支持特别提款权的流动性，国际货币基金已经实质性地扩大了自愿买卖特别提款权的能力，用以交换特别提款权篮子中的货币。G20也敦促"IMF纲领第四修正案"尽快通过，这个方案在1997年首次提出，旨在使特别提款权的分配更加公平。在2009年8月10日，第四修正案对所有的成员国生效。结果，在2009年的9月9日，特别提款权进行了特殊的一次性分配，量值达到了约130亿美元。2010年4月21日，国际货币基金组织的执行委员会赞同推进"减少贫困与增长信托"（PRGT）贷款额度的动员措施，包括来自现存的特别提款权资源。截止到2010年4月21日，PRGT所承诺的贷款额度达

---

① 有信号表明,中国当局得出结论:资本账户需要以比设想更快的速度实现自由化,12月31日,中国的央行行长周小川在会见《财新》杂志记者时宣称中国资本账户的可兑换为期不远。

② 参见 Bergsten (2009),由 Joseph Stigliz 担纲的联合国委员会报告(概括为 Stigliz, 2009),主张扩大特别提款权。

③ 参见IMF常务董事 Strauss-Khan 在 Strauss-Khan(2010)中的评论,他认为,IMF能够发行SDR作为国际货币,并且 Mateos Y lagos etal.(2009)发出疑问,当今国际资本市场的规模与不稳定性是否与单个国家的流动性供给和谐共存?

到了76亿美元特别提款权，其中61亿美元由6个国家以特别提款权的方式提供。

7.6 对缓解透明度恐惧的建议

对SWFs的大多数批评都与透明度有关。这个术语经常用来表明极端模糊不清的不同语境下的不同概念。例如，投资"策略"的透明度所表达的含义就是不清晰的，冠以"保守的"或"积极的"字样的基金表述也是模棱两可的。还有，持有"平衡资产组合"也不会消除由其他经济动机驱使的上市公司控股收购所带来的恐惧。

在许多区域，特殊透明度原则已经开始实施：例如，上市公司持股超过一定限度的报告须由股市当局和国家监管机构授权。因此，SWF必须知会金融监管当局并且像任何其他投资者、私人、公共实体或机构一样严格遵守规则。

为了安抚各个不同的支持者群体，我们建议希望展现其合作态度的大型SWF能够将自己的资产划分成不同工具。实际上，其中的一些工具将一些实体从原有的SWF中分离出来，向私人投资者开放。换句话说，SWFs和FWFs必须能够发布受制于监管框架的完全透明的独立基金，这个框架将报告责任强加于其中类似于其他向各类投资者开放的基金。

此类事情已经部分发生了，许多SWFs投资于基金和替代投资（这个定义包含了对冲基金、私人股权基金、房地产基金）。在同样情况下，它们结为其他伙伴关系，因此不享有任何优先权。

但是它们可以更进一步成为基金的推动者并且邀请到更适当的投资者。中国投资公司正在按照这套流程操作，向设立于香港特别行政区的中国国际信托投资公司分配大量基金，它们被有效利用在以产业与地缘为投资目标的各种弱小的新生基金上。这些基金的有限责任股东（LP）可能是机构投资者、其他SWFs或者是银行。

进一步说，可以设想投资工具必须向SWF创办国的公民和个体投资者开放，这样他们才有可能从大鳄们提供的机会中获益。

资本上的私人伙伴与SWFs的创办连接在一起，相对于政治干预而言，这将会加强经营者职能上的独立性。同时鼓励更好沟通、改善投资者的关系。就这一点而言，对敏感行业的与搅动民族主义运动的收购，可以以市场驱动的、标准透明原则下的工具运作作为渠道。

7.7 基于全球视野的新责任

与其他投资载体不同，SWFs在初始估值和作为估值结果的退出策略方面能够专注于长期收入的增长和（或）长期资本升值。

尽管存在这样一条咒语，SWFs最初就是金融投资者，意思是说它们对运作活动缺乏责任感，这条咒语经常将一些疏忽归咎于投资管理。我们认为缺位的主人不值得效仿，SWFs将会密切关注所投资公司的日常经营和战略计划。

但是，除了微观经济方面，它们也必须理解声望提升所带来的更大责任。它们在全球舞台上扮演的重要角色，要求它们致力于新金融框架的探索。换句话说，它们不应该将自身封闭在全球金融市场治理决策者的角色里，而应该参与到现实的决策制定中。它们是稳固的利益相关者，因此应该利用它们的影响力。

SWFs对全球金融市场的稳定性很有兴趣，因为，它们完全暴露于市场的震荡之中，并且当另一市场切入时作为债权人要再次承担严重的损失。它们需要认识到银行和金融市场的功能障碍、暴涨与破裂衍生的趋向。因此，它们对定义反周期的资本充足率和资本杠杆有着固有的兴趣。

总之，SWFs需要在新的金融规则框架的制定中扮演角色。通常，SWFs对展望可替代金融构架的设计抱有极大兴趣。它们可能会成为监管良好的外围金融中心之间新联系的主线，这些外围的金融中心将会发展成为分流主要金融中心的新网络，这些主要金融中心已经在20世纪统治了整个世界。目前，它们正在被去杠杆化和失去伙伴的艰难过程所困扰。

如此安排确定无疑会增强抵御危机的力量，也会使金融中心免于被传染的危险。并且，如果《巴塞尔协议Ⅲ》没有演化成合理的监管框架，那么，对于SWFs和它的创办国来说，认同可替代的方法并且要求觊觎其生意的金融中介机构遵从这一方法是非常明智的。面对其他的资产管理者，SWFs拥有三项优势：杠杆率不高、能够采取长期策略，并且不需要跟从羊群效应。这种效应困扰着多数金融机构，因为存在着设计不完善的资本充足率、评级制度和参照基准。因此，在其他人被迫紧缩开支的时候它们更倾向于反其道而行之。

更进一步说，SWFs可以利用它们的主权性质穿透监管障碍、对私有部门的敌意，对抗国外投资者、阻挡最贫困和管理无方国家的企业家和其他糟糕的商业环境。

对更多干预主义和充满变数的投资选择的应对之法是完善的风险管理。假设某个区域的SWFs享有比其他金融玩家更大的优势，什么样的风险管理工具会更加适合？答案并不是直截了当的，但是作为全球玩家，它们应该当先建立更加周密的风险函数并且应该投入大量资源去监控转折点的早期信号。

这次危机打破了传统的风险管理方法以及其他简单的数据驱动模型。新的环境需要一个更加完整的风险管理框架，这个框架包括以下内涵：必须以更好的宏观经济研究和智慧去补足传统资产类别的多样性、变更主题与行情披露、进行有益的尾部风险管理，这些风险可能会出现得更加频繁。

只有以更加高级的分析工具和人力资源致力于未知领域的探索，

SWFs才能够在长期内理顺技术和根本性因素，在关键时刻规避风险。当风险突然来临时，应该明白风险的来源并且能够辨识风险。这需要对局限性的超越、高超的研究能力、对快速变化环境的适应性、丰富的想象力和不拘一格的估值模型。

参考文献

Abu Dhabi Investment Authority(2010)ADIA Review 2009, http://www.adia.ae/En/News/media_review.aspx(2 February 2012).

Abu Dhabi Investment Authority(2011)ADIA Review 2010, http://www.adia.ae/En/News/media_review.aspx(2 February 2012).

Adrian, T.and Shin, H.S.(2008)Liquidity, Monetary Policy, and Financial Cycles.*Current Issues in Economics and Finance*,14(1),January/February.

Adrian, T.and Shin, H.S.(2009)The Shadow Banking System:Implications for Financial Regulation.Federal Reserve Bank of New York Staff Reports,No.382.

Alaska Permanent Fund(2011)2010Annual Report.www.apfc.org(2 February 2012).

Anderlini, J.(2010) China Fund Bond Sale Faces Criticism, *Financial Times*, 24 August.

Asian Development Bank(2011)Asia 2050:Realizing the Asian Century.Asian Development Bank, http://beta.adb.org/publications/asia-2050-realizing-asian-century(2 February 2012).

Austvik, O.G.(2007)Reflections on Permanent Funds:the Norwegian Pension Fund Experience, http://www.gordonfn.org/resfiles/Forum_Permanent_Funds_indd.pdf(2 February 2012).

Avendaño, R.(2010)Sovereign Wealth Fund Investments:Firm-level Impacts, Diversification and Natural Endowments,Paris School of Economics.Paris.

Avendaño, R.and Santiso, J.(2009)Are Sovereign Wealth Funds' Investments Politically Biased?A Comparison with Mutual Funds.Social Science Research Network,http://ssrn.com/abstract=1525545(2 February 2012).

Bagattini, G.Y(2001)The Political Economy of Stabilisation Funds:Measuring their Success in Resource-Dependent Countries.*IDS Working Paper, Volume 2011, No.356.*

Balding, C.(2008)A Portfolio Analysis of Sovereign Wealth Funds, mimeo, University of California, Irvine.Social Science Research Network, http://ssrn.com/abstract= 1141531(2 February 2012).

Bank for International Settlements(BIS)(2011a)*Portfolio and Risk Management for Central Banks and Sovereign Wealth Funds.*Proceedings of the Joint Conference organized by the ECB and the World Bank in Basel, 2-3 November 2010. BIS Papers 58.

Bank for International Settlements(BIS)(2011b)Resolution Policies and Framework-Progress So Far.Basel Committee on Banking Supervision.

Barnett, S.and Ossowski, R.(2003)Operational Aspects of Fiscal Policy In Oilproducing Countries, *in Fiscal Policy Formulation and Implementation in Oil-Producing Countries* (eds J.Davis, R.Ossowski and A.Fedelino).International Monetary Fund, Washington, DC.Also issued as *IMF Working Paper No.02.177.*

Beck, R.and Fidora, M.(2008)The Impact of Sovereign Wealth Funds on Global Financial Markets, *ECB Occasional Paper No.91.*Available at Social Science Research Network:http://ssrn.com/abstract=1144482(4 March 2012).

Behrendt, S.(2010)Sovereign Wealth Funds and the Santiago Principles:Where Do They Stand?Carnegie Endowment for International Peace, *Carnegie Papers No.22, May 2010.*

Behrendt, S.(2011)SWFs and 'Green Growth', in *Braving the New World:Sovereign Wealth Fund Investment in the Uncertain Times of 2010*(eds V.Barbary and B.Bortolotti), Monitor.

Behrendt, S.and Sharp, D.(2011)The Libyan Investment Authority:Sanctions and Post-Conflict Reconstruction, Analysis Sovereign Wealth Funds, GeoEconomica Political Risk Management.

Bergsten, C.F.(2009).*The Long-Term International Economic Position of the United States.Special Report 20,* Peterson Institute for International Economics.

Berkelaar, A.B., Coche, J.and Nyholm, K.(eds)(2010)*Central Bank Reserves and Sovereign Wealth Funds,* Palgrave Macmillan.

Bernstein, S., Lerner, J.and Shoar, A.(2009)The Investment Strategies of SWF. Nota di Lavoro 025.2009, Fondazione Eni Enrico Mattei, Milan, Italy, http://

www.feem.it/getpage.aspx?id=1883&sez=Publications&padre=73(3 February 2012).

Betts.P.and, Nakamoto, M.(2009)China Backs New Champions to Conquer the West, *Financial Times*, June 10.

Bjerkholt, O.(2002)Fiscal Rule Suggestions for Economies with Non-renewable Resources.University of Oslo.

Black, F.and Scholes, M.S.(1973)The Pricing of Options and Corporate Liabilities, *Journal of Political Economy*, 81, 637-54.

Blanchard, J.-M.F.(2010)Chinese MNCs as China's New Long March:a review and critique of the western literature , *Journal of Chinese Political Science*, 16 (1), 91.

Blanchard, J.-M.F.(2011)China's grand strategy and money muscle:the potentialities and pratfalls of China's Sovereign Wealth Fund and Renminbi Policies, *Chinese Journal of International Politics*, 4, 31-53.

Bodie Z.and Briere, M.(2011)Sovereign Wealth and Risk Management, *Boston Uni-versity School of Management Research Paper Series*, 2011-8.

Bracke, T., Bussière, M., Fidora, M.and Straub, R.(2008)A Framework for Assessing Global Imbalances, *ECB Occasional Paper No.78.*

Bremmer, I.(2010)*The End of the Free Market:Who Wins the War Between States and Corporations?*, Penguin, London.

Brender, A.and Pisani, F.(2010)*Global Imbalances and the Collapse of Globalised Finance*, CEPS Paperback, Centre for European Policy Studies, Brussels.

Brown, A., Papaioannou, M.and Petrova, I.(2010)Macrofinancial Linkages of the Strategic Asset Allocation of Commodity-Based Sovereign Wealth Funds, *IMF Working Paper WP/10/9*, http://www.imf.org/external/pubs/ft/wp/2010/wp1009.pdf(2 February 2012).

Buyuksahin, B.and Harris, J.H.(2009)The Role of Speculators in the Crude Oil Futures Markets, *Working Paper*, US Commodity Futures Trading Commission Commodity.

Caballero, R.and Krishnamurthy, A.(2009)Global Imbalances and Financial Fragility, *American Economic Review Papers and Proceedings*, 99(2), 584-88.

Canadian International Council(2010)The Dragon Returns:Canada and China's Quest for Energy Security, *China Papers, No, 19.*

Carroll, C.D.and Jeanne, O.(2009)A Tractable Model of Precautionary Reserves,

Net Foreign Assets, or Sovereign Wealth Funds, *Peterson Institute Working Paper No.09-10*, Washington, DC.

Castelli, M.(2008)Sovereign Wealth Funds:Review of Policy and Regulatory Devel opments, Paper presented at the first UBS Conference on Sovereign Wealth Funds, Abu Dhabi.

Castelli, M.(2010)Sovereign Wealth Funds and Clean Technology:The Masdar Initia tive, in *Environmental Alpha, Institutional Investors and Climate Change* (ed.A. A.Cavello), John Wiley & Sons, Hoboken.

Castelli, M.(2011)Sovereign Wealth Funds, in *Investing in 2012*, UBS Global Asset Management Research, November 2011.

Central Bank Trinidad and Tobago(2010)Heritage Stabilization Fund, *Quarterly Report July-September 2010*.

China Investment Corporation(2010)Annual report 2009, http://www.china-inv.cn (2 February 2012).

China Investment Corporation(2011)Annual report 2010, http://www.china-inv.cn (2 February 2012).

Cohen, B.J.(2008)Sovereign Wealth Funds and National Security:The Great Trade-off.Paper presented at the Annual Meeting of the ISA's 50th Annual Convention Exploring the Past, Anticipating the Future , 15 February 2009, New York.

Danielsson, J., Embrechts, P., Goodhart, C., Keating, C., Muennich, F., Renault, O.and Shin, H.S.(2001)An Academic Response to Basel II, *Special Paper No.130, May*.LSE Financial Markets Group.

Das, U.S., Mazerai, A.and van den Hoorn, H.(eds)(2010)*Economics of Sovereign Wealth Funds Issues for Policymakers*, International Monetary Fund, Washington, DC.

Davis, J.M., Ossowski, R., Daniel, J.and Barnett, S.(2001)Stabilization and Savings Funds for non-renewable Resources:experience and fiscal policy implications, *IMF Occasional Paper No.205.2001*.

Dinmore, G.and Segreti, G.(2010)China Launches Investment Drive in Italy, *Financial Times*, 7 October.

Dixon, A.and Monk, A.H.B(2010)Rethinking the Sovereign in Sovereign Wealth Funds, *Transactions of the Institute of British Geographers*, 37(1), 104-117.

EDHEC-RISK Institute(2010)Asset-liability Management Decisions for Sovereign

Wealth Funds, http://www.edhec- risk.com/edhec_publications/all_publica-tions/RISKReview.2010- 10- 26.3627/attachments/EDHEC_Publica-tion_ALM_Decisions_for_SWF_DB_F.pdf(2 February 2012).

EDHEC- RISK Institute(2011)An Integrated Approach to Sovereign Wealth Risk Management, http://www.edhec- risk.com/edhec_publications/all_publica-tions/RISKReview.2011-07-07.4408/attachments/EDHEC-Risk Publication_In-tegrated_Approach_to_Sovereign_Wealth_Risk_Management.pdf(2 February 2012).

Eichengreen, B.(2011)*Exorbitant Privilege*, *The Rise and Fall of the Dollar*, Ox-ford University Press.

El-Erian, M.(2008)*When Markets Collide*, McGraw-Hill, New York.

Embrechts, P., Furrer, H., Kaufmann, R.(2009)Different Kinds of Risk, in *Hand-book of Financial Time Series*(eds Andersen, Davis, Kreiss, and Mikosch), pp.729-751, Springer, Berlin.

Enrich, D., Sidel, R.and Craig, S.(2008)How Wall Street Firms Reached out to Asia, *Asian Wall Street Journal*, 17 January, p.19.

Ernst & Young(2011)*Ernst & Young's 2011 Africa Attractiveness Survey*.

European Commission(2008)A Common European Approach to Sovereign Wealth Funds.Communication from the commission to the European Parliament, the Council, the European Economic and Social Committee and the Committee of the regions, Com(2008)115, Brussels.

Fama, E.F.and French, K.R.(2003)The Capital Asset Pricing Model:Theory and Evi-dence, *CRSP Working Paper No.550;Tuck Business School Working Paper No.03- 26*.Social Science Research Network:http://ssrn.com/abstract=440920 or doi:10.2139/ssrn.440920(2 February 2012).

Fisher, I.(1933)The debt-deflation theory of great depressions, *Econometrica*, 1 (4), 337-57.

Flood, R.and Marion, N.(2002)Holding International Reserves in Era of High Capi-tal Mobility, *IMF Working Paper 02/62*.

Foster, V., Butterfield, W., Chen, C.and Pushak, N.(2008)Building Bridges: China's Growing Role as Infrastructure Financier for Africa, *Trends and Policy Options, Infrastucture*, No.5.

Franklin, A.and Carletti, E.(2008)Financial System:Shock Absorber or Amplifier?, *BIS Working Papers No, 25, July*.

Friedman, T.L.(2006)*The World is Flat,* 2nd edn.Penguin, London.

Future Fund(2010)Annual Report 2009/10, http://www.futurefund.gov.au(2 February 2012).

Future Fund(2011)Annual Report 2010/11, http://www.futurefund.gov.au(2 February 2012).

Gelb, A.and Grassman, S.(2008)*Confronting the Oil Curse,* World Bank, Washington DC.

GIC(2011)Report on the Management of the Government´s Portfolio for the Year 2010/11, Singapore, http://www.gic.com.sg/data/pdf/GIC_Report_2011.pdf(2 February 2012).

Gilson, R.J.and Milhaupt, C.J.(2008)Sovereign Wealth Funds and Corporate Governance:A Minimalist Response to the New Merchantilism, *Rock Center for Corporate Governance Stanford University Working Paper Series No.26;Stanford University Law and Economics Olin Working Paper No.355;Columbia University law and Economics Working Paper No.328.*

Goldman Sachs Global Economics Group(2007)*BRICs and Beyond,* London：Gold man Sachs.

Goodhart, C.and Persaud, A.(2008)How to Avoid the Next Crash, *Financial Times,* 30 January.

Gordon, L.C.and Monk, A.H.B.(2009)*The Oxford Survey of Sovereign Wealth Funds,* Asset Managers, Centre for Employment, Work and Finance, School of Geography and the Environment, University of Oxford.

Gordon, L.C.and Monk, A.H.B.(2010)Sovereign Wealth Funds:Form and Function in the 21st Century, *Fondazione Enrico Mattei Working Papers, Paper 528.*

Gordon, L.C.and Monk, A.H.B.(2011)Modernity, Instiutional Innovation, and the Adoptlon of Sovereign Wealth Funds in the Gulf States, *Oxford University, School of Geography and the Environment, WPG 11-02.*

Grennes, T.J.(2009)The Volatility of Sovereign Wealth Funds, *Global Economy Journal,* 9(3), Article 7.

Gruenig, B.(2008)Does the Sovereign Wealth Fund Debate Illustrate Problems of Global Economic Governance in Dealing with Emerging Global Issues?, Dissertation submitted to the London School of economics and Political Science, Master in Global Politics.

Haberly, D.(2011)Strategic Sovereign Wealth Fund Investment and the New Alliance Capitalism:A Network Mapping Investigation, *Environment and Planning*, A, 43(8)1833-52.

Hamilton, D.J.(2009)Causes and Consequences of the Oil Shock of 2007-08, *Brook-ings Papers on Economic Activity*, pp.215-61.

Hatton, K.and Pistor, K.(2011)Maximizing Autonomy in the Shadow of Great Powers:The Political Economy of Sovereign Wealth Funds, *The Centre for Law and Economic Studies*, *Columbia University*, WP 395.

Hong Kong Monetary Authority(2011)Annual Report 2010, http://www.hkma.gov.hk(2 February 2012).

Hotelling, H.(1931)The Economics of Exhaustible Resources, *Journal of Political Economy*, 39, 137-75.

IFSWF(2011)IFSWF Members´Experiences in the Application of the Santiago Prin ciples.Report prepared by IFSWF Sub-Committee 1 and Secretariat in collaboration with the members of the IFSWF.

Ilmanen, A.(2011)*Expected Returns:An Investor´s Guide to Harvesting Market Rewards*, John Wiley & Sons, Chichester.

IMF(2007)*Guide on Resource Revenue Transparency*, IMF, Washington DC.

IMF(2008a)IMF Intensifies Work on Sovereign Wealth Funds, *IMF Survey*, *March 4*, http://www.imf.org/external/pubs/ft/survey/so/2008/POL03408A.htm(2 February 2012).

IMF(2008b)Sovereign Wealth Funds:Current Institutional and Operational Practices, *WP/08/254*.

IMF(2010)*Economics of Sovereign Wealth Funds*, *Issues for Policy Makers*(eds U.S.Das, A.Mazarei and H.van der Hoorn), International Monetary Fund.

IMF(2011)Investment Objectives of Sovereign Wealth Funds- A Shifting Paradigm, *WP/11/19*.

Irwin, S.H.and Sanders, D.R.(2010)The Impact of Index and Swap Funds on Commodity Futures Markets:Preliminary Results, *OECD Food*, *Agriculture and Fisheries Working Papers*, No.27.DOI:10.1787/5kmd40wllt5f-en.

IWG(2008a)Sovereign Wealth Funds:Generally Accepted Principles and Practices 'Santiago Principles', http://www.iwg-swf.org/(3 February 2012).

IWG(2008b)Sovereign Wealth Funds:Current Institutional and Operational Practices. Prepared by the International Working Group of Sovereign Wealth Funds Secretariat in collaboration with the members of the IWG15 September 2008.

Jadresic, E.(2007)The Cost-Benefit Approach to Reserve Adequacy:The Case of Chile, in *Central Bank Reserve Management* (eds A.F.P.Bakker and I.R.Y.van Herpt).Edward Elgar.

Jeanne O.and Ranciere, R.(2006)The Optimal Level of International Reserves for Emerging Market Countries:Formulas and Application, *IMF Working Paper WP/06/229.*

Jen.S.(2007)Sovereign Wealth Funds:What They Are and What's Happening, *World Economics*, 8(4), 1-7.

Johnson, S.(2007)The Rise of Sovereign Wealth Funds, *Finance and Development*, 44(3), September.

Jorion, P.(1997)*Value at Risk*, Irwin, Chicago.

Kaldor, N.(1938)The Cobweb Theorem, *Quarterly Journal of Economics*, 52(2), 255-80.

Kaufmann, R.(2005)*Long-term Risk Management*, Proceedings of the 15th, International AFIR Colloquium, Zurich, Switzerland.

KCIC(2011)The New Silk Road:Asia and the Middle East Rediscover Trade and Investment Opportunities.www.kcic-asia.com/research(3 February 2012).

Keating, A.(2006)*Power, Politics and the Hidden History of Arabian Oil,* Saqi, London, UK and San Francisco, CA.

Kern, S.(2008)SWFs and Foreign Investment Policies-An Update, Deutsche Bank Research, International Topics, Current Issues.

Kern, S.(2010)The Role of SWFs-Towards a New Equilibrium, Edinburgh SWF Dialogue, 15 June 2010.

Khazanah(2011)Annual Review 2010, http://www.khazanah.com.my(3 February 2012).

Kım, W.(2011)Korea Investment Corporation:Its Origin and Evolution.*KDI School of Public Policy and Management, Working Paper 11-06.*

Kindleberger, C.(1978)*Manias, Panics, and Crashes:A History of Financial Crises*, Basic Books, New York.

Knight, F.H.(1921)*Risk, Uncertainty and Profit*, Houghton Mifflin Co., The Riverside Press, Boston, MA and New York, NY.Reprinted by Beard Books, Washington D.C., 2002, http://www.econlib.org/library/Knight/knRUP.html(3 February 2012).

Knight, M.and Scacciavillani, F.(1998)Current Account Deficits:What is Their Relevance for Policy Makers，*IMF Working Paper* 98/71.

Kondratiev，N.D.(1925)*The Major Economic Cycles*(inRussian)，Moscow.Translated and published as *The Long Wave Cycle* by Richardson and Snyder，NY，1984.

Krugman，P.(2008)More on Oil and Speculation.*The New York Times*，13 May.

Kunzel，P.，Lu，Y.，Petrova，I.and Pihlman，J.(2011)Investment Objectives of Sovereign Wealth Funds-A Shifting Paradigm，*IMF Working Paper*，*WP/11/19*，http://www.imf.org/external/pubs/ft/wp/2011/wp 1119.pdf(3 February 2012).

Lee，B.and Wang，A.(2011)Reevaluating the Role of Large Public Surpluses and Sovereign Wealth Funds in Asia，*Asian Development Bank Institute Working Papers*，*No.287*.

LeRoy，S.F.and Singell，L.D.Jr(1987)Knight on Risk and Uncertainty，*Journal of Political Economy*，95(2)，394-406.

Livernois，J.(2009)On the Empirical Significance of the Hotelling Rule，*Review of Environmental Economics and Policy*，3(1)，22-41.

Machlup，F.(1966)The Need for Monetary Reserves，*BNL Quarterly Review*，19，175-222.

Maddison，A.(2005)Measuring and Interpreting World Economic Performance 1500-2001，*Review of Income and Wealth*，51(1)，1-35.

Magnus，G.(2011)*Uprising*，*Will Emerging Markets Shape or Shake the World Economy?*，John Wiley & Sons，Chichester.

Magnus，G.and Castelli，M.(2006)Capital Flows and the World Economy:Petrodollars，Asia and the Gulf，UBS Investment Research，November.

Mandelbrot，B.(1982)*The Fractal Geometry of Nature*，Freeman，New York.

Mandelbrot，B.(1997a)*Fractals and Scaling in Finance:Discontinuity*，*Concentration and Risk*，Springer Verlag，New York.

Mandelbrot，B.(1997b)*Fractales*，*Hasard et Finance*，Flammarion，Paris，France.

Mateos y Lago，I.，Duttagupta，R.and Goyal，R.(2009)The Debate on the International Monetary System，*IMF Staff Position Note*，*09/26*，Washington，DC.

McKinsey Global Institute(2007)The New Power Brokers:How Oil，Asia，Hedge Funds，and Private Equity Are Shaping Global Capital Markets.www.mckinsey.com/insights/mgi.aspx(3 February 2012).

McKinsey Global Institute(2010)Farewell to Cheap Capital? The Implications of

Long-term Shifts in Global Investment and Saving.www.mckinsey.com/in-sights/mgi.aspx(3 February 2012).

Mckinsey Global Institute(2011)Mapping Global Capital Markets 2011.www.mckin-sey.com/insights/mgi.aspx(3 February 2012).

Mehrpouya, A., Huang, C.and Barnett, T.(2009)An Analysis of Proxy Voting and Engagement Policies and Practices of the Sovereign Wealth Funds, *IRRCi SWF Report prepared by RiskMetrics Group Inc.*, *October*.

Miao, Y.and Liyan, H.(2011)Sovereign Wealth Funds in China:The Perspective of National Energy Strategy, *Energy Procedia*, 5, 1187-91.

Milken Institute(2011)Structuring Israel's Sovereign Investment Fund, Financing the Nation's Future, *FinANCIAL Innovations LabTM Report*.

Ministry of Finance Chile (2010)Annual Report Sovereign Wealth Funds, http://www.minhda.cl/english/sovereign-wealth-funds/economic-and-social-stabi-lization-fund.html(2 February 2012).

Minsky, H.(1977)A Theory of Systemic Fragility, in *Financial Crisis:Institutions and Markets in a Fragile Environment*(eds E.I.Altman and A.W.Sametz), John Wiley & Sons, Ltd, New York.

Monk, A.(2011)The Appeal of Factor-Based Allocations, Oxford SWF Project.

Monitor Group(2008)Assessing the Risk:The Behavior of Sovereign Wealth Funds in the Global Economy, http://www.monitor.com/tabid/202/L/en-US/Default.aspx(2 February 2012).

Monitor Group(2011)*Braving the New World:Sovereign Wealth Fund Investment in the Uncertain Times of 2010*(eds V.Barbary and B.Bortolotti), Monitor.

Monitor Group and Fondazione Enrico Mattei(2009a)Sovereign Wealth Fund Invest-ment Behavior:Analysis of Sovereign Wealth Fund Transactions during Q3 2009, http://www.monitor.com/tabid/202/L/en-US/Default.aspx(2 February 2012).

Monitor Group and Fondazione Enrico Mattei(2009b)Weathering the Storm:Sover-eign Wealth Funds in the Global Crisis of 2008, http://www.monitor.com/tabid/202/L/en-US/Default.aspx(2 February 2012).

Monitor Group and Fondazione Enrico Mattei(2010a)Sovereign Wealth Fund Invest-ment Behavior, *Semi-annual report January-June 2010*, http://www.moni-tor.com/tabid/202/L/en-US/Default.aspx(2 February 2012).

Monitor Group and Fondazione Enrico Mattei(2010b)Back on Course:Sovereign

Wealth Fund Activity in 2009, http://www.monitor.com/tabid/202/L/en-US/Default.aspx(2 February 2012).

Murrey, D.(2011)SWFs:Myths and Realities, Keynote address at the Global Sovereign Wealth Funds Roundtable, Beijing, 4 May 2011.

New Zealand Superannuation Fund(2011)Annual Report 2010, http://www.nzsuperfund.co.nz(3 February 2012).

Norges Bank Investment Management(2011)Government Pension Fund Global Annual Report 2010, http://www.nbim.no(3 February 2012).

Norwegian Ministry of Finance(2011)The Norwegian Government Pension Fund Global's Adherence with the Santiago Principles, http://www.norges-bank.no (3 February 2012).

Obstfed, M.and Rogoff, K.(1996)The Intertemporal Approach to the Current Account, *NBER Working Papers* 4893, National Bureau of Economic Research.

OECD(2008)Sovereign Wealth Funds and Recipient Country Policies, Report by the OECD investment Committee adopted on 4 April 2008.

OECD(2011)*Pension Fund in Focus*, July 2011, Issue 8.

Ortiz, G.(2007)A Coordinated Strategy for Assets and Liabilities:The Mexican Perspective, in *Sovereign Wealth Management*(eds J.Johnson-Calari and M.Riet-veld), Central Banking Publications, London.

Ossowski, R., Villafuerte, M., Medas P.and Thomas, T.(2008)Managing the Oil Revenue Boom:The Role of Fiscal Institutions, *IMF Occasional paper No.260*, IMF Washington DC.

Park, D.(ed.)(2011)*Sovereign Asset Management for a Post Crisis World*, Central Banking Publications, London.

Petroleum Fund of Timor-Este(2011)Petroleum Fund Quarterly Report-31 March 2011, http://www.laohamutuk.org/(3 February 2012).

Posner, R.(2009)*A Failure of Capitalism:The Crisis of '08 and the Descent into Depression*, Harvard University Press, Cambridge, MA.

Prasad, E.S.(2011)Role Reversal in Global Finance, *NBER Working Paper No 17497*.

Prasad, E.S., Rahan, R, G.and Subramanian, A.(2007)Foreign Capital and Economic Growth, *NBER Working Paper 13619*.

Qingxiu, B.(2011)China's Sovereign Wealth Funds:Problem or Panacea?, *Journal of World Investment and Trade*, 11(5), 849.

Quadrio Curzio, A.and Miceli, V.(2010)*Sovereign Wealth Funds:A Complete Guide to State-Owned Investment Funds*, Harriman, Petersfield, UK.

Quah, D.(2011)The Global Economy's Shifting Centre of Gravity, *Global Policy*, 2 (1), January.

Rachman, G.(2011)*Zero-Sum Future*, Simon & Schuster, New York.

Rattaggi, M.(2010)Crisis and Models:What should we learn?, http://ssm.com/abstract=1647041.

Reinhart, C.M.and Rogoff, K.S.(2009)*This Time is Different:Eight Centuries of Financial Folly*, Princeton University Press.

Rose, H.D.and Hanemann, T.(2011)An American Open Door?Maximizing the Benefits of Chinese Foreign Direct Investment.Special Report of the Center on US-China Relation Asia and the Kissinger Institute on China and the United States, http://asiasociety.org/policy/center- us- china- relations/american-open-door(3 February 2012).

Rozanov, A.(2007)*Sovereign Wealth Funds:Defining Liabilities*, State Street Global Advisors.

Rozanov, A.(2008)The Transparency of Sovereign Wealth Funds, in *The Gulf Region:A New Hub of Global Financial Power*(eds P.Subacchi and J.Nugée), Chatam House, London.

Rybinsky, K.and Krynska, U.(2010)Global Reserve Management, in *Central Bank Reserves & Sovereign Wealth Management*(eds A.B.Berkelaar, J.Coche and K.Nyholm), Palgrave Macmillan.

Saidi, N.and Scacciavillani, F.(2011)SWFs and the Ascent of Emerging Market Economies, in *Sovereign Asset Management for a Post- Crisis World*(ed.D. Park), Central Banking Publications, London.

Saidi, N., Scacciavillani, F.and Prasad, A.(2009)Wealth Effects in the GCC from Energy Commodity Prices, *Economic Note No.6*, Dubai International Financial Center.

Santiso, J.(2011)SWFs and Latin America in 2010 and 2011.in *Braving the New World*, Monitor.

Scott, H.(Ed.)(2005)*Capital Adequacy beyond Basel:Banking, Securities, and Insurance*, Oxford University Press.

Sekine E.(2011)The Governance of China Investment Corporation on Its way to Becoming a Sophisticated Institutional Investor, *Nomura Journal of Capital Mar-*

kets, 2(3), Winter.

Setser, B.and Ziemba, R.(2009)GCC Sovereign Wealth Funds.Reversal of Fortune, *Working Paper, Council for Foreign Relations, Centre for Geoeconomic Studies.*

Standard Chartered(2007)State Capitalism:the Rise of Sovereign Wealth Funds.Report.

Standard Chartered(2010)The Super-cycle Report, https://research.standardchartered.com/researchdocuments/Pages/ResearchArticle.aspx?&R=73895(3 February 2012).

State Street(2009)Sovereign Wealth Funds Emerging from the Financial Crisis, *Vision*, IV(1).

Stiglitz, J.E.(2009)Death Cometh for the Greenback, *The National Interest*, November-December 2009.

Strauss-Kahn, D.(2010)IMF for the 21st Century, Bretton Woods Committee Annual Meeting, Washington DC, 26 February.

Subacchi, P.and Nugée, J.(eds)(2008)*The Gulf Region:A New Hub of Global Financial Power*, Chatam House, London.

Subacchi, P.(2008)GCC Sovereign Wealth Funds:a tale of two continents, in *The Gulf Region:a New Hub of Global Financial Power*(eds P.Subacchi and J. Nugée), Chatam House, London.

Sun, T.and Hesse, H.(2009)Sovereign Wealth Funds and Financial Stability-An Event Study Analysis, *IMF Working Paper*, WP/09/239, http://www.imf.org/external/pubs/ft/wp/2009/wp09239.pdf(3 February 2012).

Szegö, G.(ed.)(2004)*Risk Measures for the 21st Century*, John Wiley & Sons, Ltd, Chichester.

Taleb, N.N.(2010a)*The Black Swan*, 2nd edn, Penguin, New York.

Taleb, N.N.(2010b)Antifragility, Robustness, and Fragility, Inside the 'Black Swan'Domain, http://ssrn.com.abstract=1669317(3 February 2012).

Tang, K.and Xiong, W.(2010)Index Investing and the Financialization of Commodities, Department of Economics, Princeton University, *Working Paper*.

Temasek(2011)Temasek Review 2010, http://www.temasek.com.sg/(3 February 2012).

The Economist(2008)Asset-backed Insecurity.19-25 January, pp.63-65.

The Economist(2008)How to Spend It, 26 April-1 May, pp.35-37.

Truman, E.M.(2007)A Scoreboard for Sovereign Wealth Funds.Paper presented at the Conference on China's Exchange Rate Policy, 19 October 2007, at the Peterson Institute for International Economics, Washington, DC.

Truman, E.M.(2008a)A Blueprint for Sovereign Wealth Fund Best Practices, Peterson Institute for International Economics, *PB08-3*.

Truman, E.M.(2008b)Sovereign Wealth Funds:New Challenges from a Changing Landscape.Testimony before the Subcommittee on Domestic and International Monetary Policy, Trade and Technology, Financial Services Committee, US House of Representatives, 10 September.

Truman, E.M.(2010)*Sovereign Wealth Funds, Threat or Salvation?*, Peterson Institute for International Economics.

Truman, E.M.(2011)Sovereign Wealth Funds:is Asia different?, Peter son Institute for International Economics, *Working Paper Series, 11-12*.

UBS Global Economics Research(2011)*European Weekly Economic Focus*.

UBS Investment Research(2010)Portfolio for Sovereign Investors:What Does the Past Suggest about the Future?in Q-Series:Global Asset Allocation.

Van der Ploeg, R.and Venables, A.J.(2008)Harnessing Windfall Revenues:Optimal Policies for Resource-Rich Developing Economies, *Oxcarre WP 2008-8*.

Van der Ploeg, R.and Venables, A.J.(2010)Absorbing a Windfall of Foreign Exchange, *Oxcarre WP 2009*.

Venables, A.J.(2009)Resource Rents:When to Spend and How to Save, Paper presented at the International Institute of Public Finance Conference, Cape Town.

Walker, D.(2011)The Agency Challenge and Stewardship Opportunity, Address to the International Forum of Sovereign Wealth Funds in Beijing, 11 May 2011.

Wang, D.and Li, Q.(2011)When Clashes Spur Rules:Domestic Politics of Sovereign Wealth Institutionalization, Paper prepared for the Annual Meeting of the American Political Science Association, September 2011.

World Bank(2008)Report of the Commission on Growth and Development, World Bank, Washington, DC.

World Bank(2010)World Development Indicators Online, World Bank, Washington, DC, http://data.worldbank.org/data- catalog/worlddevelopment- indicators/wdi-2010(3 February 2012).

World Bank(2011)Global Development Horizons 2011, Multipolarity:The New Global Economy.

World Economic Forum(2011)The Future of Long-term Investing, New York.

Xiaochuan, Z.(2009)Changing Pro-cyclicality for Financial and Economic Stability, Peoples Bank of China, 27 March, http://www.china.org.cn/business/2009-03/27/content_17509029.htm(3 February 2012).

Yergin, D.and Stanislaw, J.(1998)*The Commanding Heights:The Battle between Governments and the Marketplace that is Remaking the Modern World*, Simon & Schuster, New York.